Découverte de la danse de l'oiseau aux îles Marquises

Guillaume Duvivier

Découverte de la danse de l'oiseau aux îles Marquises

LE LYS BLEU
ÉDITIONS

ISBN : 979-10-422-0155-5

Poème introductif

Il y a des destinations qui vous changent comme celle des îles Marquises.
C'est un voyage qui métamorphose, qui est source de désir et de convoitise.
Il y a d'abord des rencontres de personnages qui vous mettent à l'aise,
Et aussi des réflexions, des découvertes et des paysages qui plaisent.

Bienvenue dans ce berceau, au milieu de l'océan Pacifique !
Emmenez ce que vous voulez, nul ne sait avec quoi vous repartirez.
Les maladies, les armes, les religions auront tenté de le transformer.
Cet archipel a quelque chose d'éternel que les Marquisiens veulent conserver.

Sauvages et isolées, les vallées parfois impénétrables surprennent.
Les pics et les falaises abruptes rappellent que la nature est reine.
Les légendes font danser les traditions et les tikis sont devenus sculptures.
Tout en côtoyant la culture, le mana vous trouve en pleine nature.

Et après ce voyage, comment faire pour conserver cette énergie ?
Chacun pourra garder son souvenir, sa photo, son tatouage ou sa mélodie.
Pour contribuer au maintien de cette civilisation, il suffirait d'agir ou d'écrire,
Pour aujourd'hui comme pour demain, continuer à en jouir.

Guillaume Duvivier, mars 2022

Chapitre 1
Le début du voyage

L'instant le plus heureux d'une vie humaine est le départ vers une terre inconnue.

Richard Burton

En ce lundi 31 janvier 2022, Lily-Rose fête ses cinq ans. C'est le début de la semaine et nous devons réveiller notre fille qui a toujours quelques difficultés à se lever le matin. Son frère Mathis a un réveil beaucoup plus rapide. À peine a-t-il ouvert un œil, qu'il veut déjà s'habiller et prendre son petit déjeuner. Pour Lily-Rose, c'est plus difficile. Elle a besoin de se blottir contre Céline, sa maman, mon épouse. Plusieurs minutes sont nécessaires avant de pouvoir ouvrir complètement les yeux et finalement s'étirer tel un chaton.

Je suis déjà debout depuis un long moment quand Céline, Lily-Rose et Mathis me rejoignent dans le salon de notre maison à Moorea sur l'archipel de la Société en Polynésie française. Il est 6 h du matin. Céline est étonnée de me trouver devant l'écran de son ordinateur portable. Cela doit bien faire six longs mois que je n'ai pas tapoté sur un clavier. Avant que Mathis m'attrape par le cou pour me dire bonjour, je glisse une phrase à l'oreille de Céline :

— J'ai commencé à écrire.

— Super et sur quoi as-tu écrit ? me répondit-elle.

— Sur notre voyage aux Marquises, je lui annonce timidement.

— Tu es levé depuis longtemps ?

— Oui. Je t'expliquerai tout à l'heure.

Céline ne semble pas réellement surprise. Je referme l'ordinateur pour préparer le petit déjeuner « spécial » pour le jour d'anniversaire de ma fille.

C'est important cinq ans. À partir de cet âge, il me semble qu'il est possible d'avoir des souvenirs. Lily-Rose se souviendra-t-elle de son anniversaire passé sur une île du Pacifique ? Il est affiché 6 h 36 sur le four de la cuisine quand j'allume cinq bougies sur le gâteau. Lily-Rose, qui veut toujours tout faire toute seule « comme une grande », avait préparé son gâteau d'anniversaire la veille. Elle est sur les genoux de sa maman et souffle les bougies une par une avec une grande concentration. Ma fille grandit et j'ai la chance de profiter de ces moments jour après jour. Nous lui offrons quelques cadeaux. Le plus impressionnant d'entre eux est un flamant rose en peluche qui est presque aussi grand qu'elle. Elle est contente de s'amuser avec sa nouvelle peluche.

Les minutes défilent très vite et nous n'avons pas le temps de répondre aux nombreux messages de la famille depuis la France métropolitaine qui souhaitent un joyeux anniversaire à notre fille. Vers 7 h 15, nous emmenons nos deux enfants à l'école de Teavaro. Les journées démarrent tôt en Polynésie française et l'école commence à 7 h 30. De retour à la maison, je discute avec Céline des raisons pour lesquelles je me suis levé cette nuit. Elle m'encourage à continuer sans hésitation.

Cette nuit-là, minuit est passé d'une minute et la nuit est noire. Quelques étoiles éclairent le ciel. Je me suis réveillé subitement et me suis levé comme s'il était indispensable d'écrire quelques lignes. Ce n'était pas vital mais très important pour moi. Depuis plusieurs semaines, je repense sans cesse à l'archipel des Marquises. J'ai besoin de partager mon expérience, de partager ma découverte de « *Te Hakamanu* », la danse de l'oiseau.

Il faut que j'écrive notre histoire pour qu'il reste une trace. Pourquoi ? Je n'en sais encore rien. Il faut que j'écrive pour moi, peut-être aussi pour mes enfants. J'ai aussi envie de partager mon expérience avec plus de monde. Il faut qu'il reste quelque chose de ce que je vis aujourd'hui. J'ai aussi besoin d'écrire car cela m'aide à comprendre ce qui m'est arrivé. J'ai vécu une expérience qui n'est pas du tout ordinaire et qui m'a ouvert les yeux. Cette trace sera peut-être utile pour transmettre un message. Mais quel message ? Franchement, à ce stade, je n'en sais encore rien du tout !

Les flashs, dans mon sommeil éveillé, étaient si forts qu'il a fallu que je me lève, tout de suite, sans attendre. Alors je m'y mets et j'écris tout ce qui me passe par la tête. Il y a des souvenirs proches et lointains. Il y a des rencontres avec des personnes naturelles et sincères. Il y a des ressentis et des impressions qui sont souvent très positifs et en relation avec la nature. Il y a surtout des rencontres avec des personnes inoubliables.

Et surtout, je me souviens des regards ! Ce n'est pas seulement des croisements de regards, c'est réellement une porte ouverte sur l'âme de l'autre. Comme si en se regardant, il était possible de se connecter à l'autre. En se regardant dans les yeux, il se passe quelque chose que je n'avais pas perçu jusqu'alors.

En écrivant, je me rappelle les chants marquisiens et je chantonne.

En écrivant, les premiers mots et les premières phrases deviennent des paragraphes et mes idées s'éclaircissent.

En écrivant, je sais que les pages accompagnent ma transformation et que petit à petit je commence à comprendre.

En écrivant, l'envie de partager est de plus en plus forte. Le besoin de créer, de construire quelque chose commence aussi.

Une nouvelle étape arrive dans ma vie. J'ai envie de raconter. Est-ce la maturité ? Est-ce l'envie de partager les moments présents ? ou simplement le besoin de prendre le temps de faire quelque chose pour moi. L'écriture semble être le meilleur moyen de partager avec un plus grand nombre de personnes mes découvertes et la révélation qui m'est apparue.

En anglais, une abréviation existe qui s'appelle S.O.S. pour « Slower, Older, Smarter ». Cette abréviation caractérise mon état d'esprit du moment. Je ne sais pas encore les raisons qui me poussent à écrire mais cela me fait du bien, alors je continue. Je n'ai pas besoin que cela aille vite, je prends le temps nécessaire. C'est rare.

J'écris sur notre voyage aux îles Marquises ! Ce voyage cela fait très longtemps que j'en rêve et les raisons qui me poussent à écrire viennent certainement de mon passé. Je me rappelle qu'une de mes premières interrogations concernait Jacques Brel. Pourquoi est-il parti aux Marquises et resté là-bas ? C'est quelque chose que j'ai envie de comprendre, de connaître. J'ai fait la découverte de Jacques Brel vers l'âge de 18 ans grâce à Pierre, mon ami qui écoutait les chansons à texte interprétées avec ferveur par le chanteur belge. La chanson « les Marquises » est intrigante pour moi. « *Gémir n'est pas de mise aux Marquises* ». Qu'est-ce que cela signifie ?

Et puis, grâce à notre mariage en 2004, nos familles et amis avaient participé au financement de notre voyage de noces. Le destin nous a fait choisir la Polynésie française comme destination paradisiaque. Céline et moi avions concentré nos aventures et nos découvertes sur l'archipel de la Société avec les îles du Vent et les îles Sous-le-Vent en février 2005. Comme beaucoup d'autres jeunes couples en voyage de noces, nous n'avons pas eu le temps, en quelques semaines, de voyager sur les autres archipels qui sont plus éloignés. Dans un coin de notre tête, il y avait cette promesse qu'on s'était faite, un peu rêveurs, de revenir en Polynésie française avec nos enfants pour y passer des vacances.

Depuis les années sont passées mais l'envie d'un nouveau voyage en Polynésie était restée. Parfois, cette envie était très lointaine, parfois elle se faisait plus présente. J'espérais découvrir les Marquises lors de ce nouveau voyage. Nous avions raté un premier rendez-vous. Impossible de le manquer une nouvelle fois.

Avant d'arriver aux îles Marquises, il nous a fallu prendre quelques décisions. En janvier 2021, nous prenons celle de vivre une année à Moorea, l'île sœur de Tahiti. Les raisons sont multiples. La principale est le besoin de passer plus de temps avec nos enfants. Mathis, qui avait six ans, et Lily-Rose, qui allait fêter ses quatre ans, grandissent vite et nous avons le sentiment que le temps passe sans que nous en profitions suffisamment. Nous savons qu'à leur âge tout est possible sans beaucoup de contraintes et que les enfants s'adaptent très vite. Nous décidons de leur faire découvrir la Polynésie et nous partons en juin 2021. Le cadre de vie est magnifique, les Polynésiens sont accueillants et le programme de l'école est identique à celui de la France donc la destination est idéale pour nous.

Au moment où j'écris ces lignes, j'ai donc la chance de partager des moments en famille depuis plus de six mois. Je dépose mes enfants le matin à l'école. Je partage avec eux des épisodes de vie simple qui me permettent de les voir grandir. Je passe aussi beaucoup de temps avec Céline, mon épouse. Nous faisons beaucoup de rencontres et nous pratiquons aussi de nouvelles activités. En bref, je me ressource en profitant de ma famille.

Les journées passent très vite et en particulier cette journée du 31 janvier qui file à grande vitesse. Je ne résiste pas à rallumer l'ordinateur à plusieurs reprises pour ajouter et corriger quelques idées à mon brouillon.

En fin de journée, je décide d'appeler Debora, une amie marquisienne. Je lui parle de mon entreprise et elle accepte de collaborer avec moi pour enrichir et corriger ces quelques pages de son expérience de vie, de sa connaissance des Marquises. Je suis très enthousiaste car je vais pouvoir faire relire et corriger mon récit pour qu'il soit plus proche de la réalité, plus sincère aussi.

Je suis ravi car c'est aussi pour moi un moyen de garder contact avec ma nouvelle amie. Debora fait partie des rencontres marquisiennes qui ne m'ont pas laissé indifférent. Elle a un caractère très affirmé comme beaucoup de Marquisiens. C'est peut-être parce qu'elle a fait preuve de résilience pour traverser les évènements qui ont jalonné sa vie.

J'hésite encore sur la manière d'aborder ces quelques pages. C'est la première fois que j'écris. Est-ce qu'il faut y ajouter des éléments d'explication ou simplement raconter ce que j'ai vécu avec mes mots et mon expérience comme un récit de voyage ? Faut-il romancer l'histoire ? Je verrai plus tard…

Il y a tellement de choses à raconter sur les îles Marquises. Plus je me documente, plus je m'intéresse à cet archipel, à son histoire, à sa culture et plus je découvre sa richesse et sa diversité. En partageant mon expérience, j'espère donner envie à d'autres personnes de s'intéresser à cette civilisation mais j'ai aussi envie d'aider à ce que les Polynésiens redécouvrent et s'approprient la richesse de leur territoire et de leur culture.

Les îles Marquises s'appellent aussi « la Terre des hommes ». Elles sont pour moi un lieu de réflexion et de découvertes qu'il faut préserver mais aussi faire connaître. La signification de « la Terre des hommes » est pour certains « la terre des Marquisiens », en opposition à « la Terre des étrangers ». Il ne faut pas oublier que ces îles ont été « visitées » par de nombreux navigateurs tout au long de leur histoire pour finalement être colonisées par la France. Quoiqu'il en soit, nous y avons été très bien accueillis. Le cannibalisme y existe encore mais uniquement dans les lointaines histoires et les légendes !

Ces quelques pages sont donc une description de ce que j'ai vécu, pensé et même peut-être parfois imaginé. C'est avant tout un partage de mon expérience et même de mes interprétations. J'ai appris beaucoup et fait des découvertes en échangeant avec des Marquisiens mais aussi avec des personnes de passage qui sont finalement restées sur cet archipel, également avec des touristes en voyage comme nous, rencontrés sur place. Sans le savoir, ces personnes m'ont beaucoup apporté.

Éloignés de notre culture occidentale, les Marquisiens ont beaucoup de choses à nous faire découvrir. Certaines personnes connaissent les tatouages polynésiens qui sont réputés et pratiqués dans le monde entier. Les Marquisiens excellent dans cet art ! Ceux-ci peuvent recouvrir l'ensemble du corps et servent à exprimer l'identité et à valoriser l'individu et son histoire. Il y a aussi la sculpture sur le bois, sur la pierre et même la sculpture sur des ossements qui est reconnue et pratiquée sur les îles de l'archipel des Marquises.

Les chants et la danse font bien évidemment partie du patrimoine culturel. En ce qui me concerne, ma découverte la plus inattendue, est celle de la légende de la danse de l'oiseau. J'ai plaisir à partager cette révélation quand je parle de mon voyage aux îles Marquises.

Le contexte et les préparatifs de notre voyage

Avec Céline, nous avons décidé de profiter maintenant et de ne pas reporter à plus tard l'envie de « vivre notre vie ». La quarantaine a déjà sonné depuis quelques années. Nous sommes en forme physiquement et nos enfants sont épanouis. C'est la bonne période pour nous « bouger » un peu, pour nous « réveiller ». Nous voulons vivre pleinement notre vie d'aujourd'hui sans attendre demain.

Céline et moi avions également envie de quitter la France pour vivre une expérience à l'étranger ou du moins loin de l'Europe pour découvrir une autre culture. Plus jeunes, nous n'avions pas eu cette opportunité lors de nos études ou même avec nos différents emplois. Nous avons pris la décision de partir et de nous créer cette occasion par nos propres moyens. Par le passé, nous avons eu la chance de voyager à plusieurs reprises, de visiter de nombreux pays sur plusieurs continents mais vivre une année complète à l'étranger est une expérience qui nous tente depuis longtemps. Cette expérience et cette destination, nous l'avons donc choisie.

Pour réaliser ce projet, il nous fallait du temps, il fallait nous libérer de nos obligations professionnelles. Céline est en reconversion pour devenir architecte-décoratrice d'intérieur. Elle a la possibilité de retarder le démarrage de sa nouvelle activité. Elle a profité du premier semestre 2021 pour suivre une formation à Aix en Provence et le travail qui lui reste à fournir pour obtenir son diplôme peut se faire à distance.

En ce qui me concerne, je décide de faire une demande de congé sabbatique auprès de mon employeur. Elle est acceptée. C'est une manière pour moi de faire une pause dans ma carrière professionnelle et de prendre du temps pour réfléchir à la suite. Cela fait dix ans que je travaille pour le même groupe et j'ai besoin de me projeter pour les années futures et aussi de retrouver la motivation dans le travail que je fais.

J'ai quarante-cinq ans. J'ai besoin de prendre du temps pour moi et de donner plus de sens à mon quotidien. J'ai appris récemment que certaines entreprises françaises mettent en place le « congé de respiration ». Je pense que cela aurait pu correspondre à mon besoin. J'ai choisi le congé sabbatique et je suis donc libre de tout engagement pour onze mois.

Le choix de la destination est apparu comme une évidence. Le système scolaire en Polynésie française est identique à celui de la France donc tout semble plus simple pour l'éducation de nos enfants. Les températures sont agréables toute l'année. Les îles de la Polynésie française font rêver avec leurs lagons, leur végétation, leur culture et nous espérons y retourner depuis de longues années. Nous décidons donc de partir à la fin du mois de juin pour une année.

Il nous reste à trouver l'argent pour financer cette année au soleil. Pour cela, Céline et moi décidons de vendre notre maison. Quoi qu'il arrive, je me dis qu'après une année dans les îles, nous aurons certainement envie d'un nouveau cadre de vie. En vendant la maison, cela nous laisse aussi beaucoup d'options possibles pour la suite de notre année sabbatique. Allons-nous rester là-bas et y trouver du travail ? Peut-être que nous n'aurons plus envie d'habituer dans le sud de la France ? Nous avons fait les démarches nécessaires et planifié notre départ. Le projet s'est concrétisé de manière très rapide. Entre janvier et juin, nous avons donc pris la décision et trouvé la destination, vendu la maison et fait les démarches pour partir sereinement.

Nous vivons donc en Polynésie française, à Moorea, depuis plusieurs mois. Nous sommes maintenant habitués aux chants des coqs très tôt le matin et aux margouillats qui se promènent sur les murs intérieurs. « Moo'rea » signifie d'ailleurs lézard jaune en tahitien. Je suis incapable de donner la réelle origine du nom de Moorea car en Polynésie, les légendes sont nombreuses et parfois il peut y avoir plusieurs histoires pour expliquer l'origine d'un lieu. Il est donc difficile de connaître la véritable signification d'un mot mais cela fait partie du charme de cette culture du Pacifique.

Nous avons scolarisé les enfants à l'école publique de Teavaro. Nous sommes ravis de notre choix et l'école correspond tout à fait à celle que nous recherchions pour l'enseignement de nos enfants. Mathis et Lily-Rose découvrent la langue tahitienne et s'imprègnent de la culture à l'école. Ils sont épanouis et courent le matin pour aller rejoindre leurs camarades de classe à 7 h 30. Ils sortent de l'école à 15 h et ont des activités extrascolaires très variées. Mathis participe au Conservatoire chaque mercredi et vendredi après-midi. Il apprend les chants, les danses tahitiennes au rythme du Ukulélé. Cet instrument fait partie de la culture musicale en Polynésie. Lors des fêtes traditionnelles, qu'on appelle aussi « bringues », ou même lors des messes, la guitare en bois équipée de cordes en fil de pêche accompagne les chants sur l'ensemble des archipels de la Polynésie.

Lily-Rose est inscrite à une école de danse de Ori Tahiti. Elle a déjà le déhanché pour la danse rythmée des îles ! Elle adore s'habiller avec un pareo ou avec une robe fleurie aux couleurs vives. En quelques semaines, elle a également appris à nager comme un poisson dans le lagon. Les enfants ont aussi eu des cours de natation avec l'école à la plage de *Temae*. Mathis a également participé à son premier concours de jeux d'échecs organisés avec les différentes classes de son école.

Nous profitons des périodes de vacances scolaires pour découvrir la Polynésie avec nos deux enfants. Celles-ci démarrent justement pour une durée de quatre semaines à compter de début décembre. Noël n'est pas encore dans l'atmosphère. Ce n'est pas facile pour les enfants de se rappeler le froid alors que dans l'hémisphère sud, c'est l'été. Nous avons décidé de réaliser ce voyage aux Marquises fin décembre car la période semble idéale. Nous quittons la saison des pluies de Moorea pour rejoindre les Marquises où le climat est plus sec à cette période. Le budget est assez important en raison du coût des billets d'avion. À cette période, une seule compagnie aérienne dessert l'archipel. Nous avons optimisé le voyage sur 8 jours et 7 nuits.

Nous commencerons notre périple par Nuku Hiva où nous logerons dans une pension, puis nous rejoindrons Hiva Oa par avion pour être hébergés à l'hôtel. Nous serons de retour pour fêter Noël à Moorea.

Chapitre 2
Les personnes qui accueillent

Fais bon accueil aux étrangers, car toi aussi, tu seras un étranger.

Roger Ikor/*Les eaux mêlées*

Le 15 décembre 2021, nous nous levons à 4 h du matin car le décollage est planifié à 5 h 30. Il faut se lever tôt pour mériter les Marquises ! En plus, la soirée de la veille a été particulièrement animée et nous nous sommes couchés tard. Nous étions hébergés chez Geneviève et Dominique que nous avions rencontrés auparavant sur la presqu'île de Tahiti. Ils habitent à proximité de l'aéroport de Faa'a et sont en Polynésie depuis trois ans. Ils nous ont proposé de dormir chez eux afin d'éviter les frais d'hôtel mais c'était surtout une bonne occasion pour passer la soirée ensemble.

Nous avions fait leur connaissance à la pension Reva sur l'île de Tahiti lors d'un week-end en famille proche de la célèbre vague des amateurs de surf à *Teahupoo*. Pour se rendre à cette pension, il faut emprunter la route qui mène au bout de la presqu'île et ensuite prendre un bateau pour nous emmener dans un endroit accessible uniquement par la mer. C'était pour nous une manière de nous déconnecter de la vie quotidienne et de partager une expérience avec la nature, la montagne, l'océan. Nos enfants avaient sympathisé et cela avait contribué à nous rapprocher. Nous avions également pratiqué ensemble une activité de tressage pour réussir à finalement réaliser un plateau avec des feuilles de palmier. Le tressage fait partie du savoir-faire local. On trouve des paniers, des sacs à main, des chapeaux et même des cloisons ou des éléments décoratifs. Tout un art ! Nous avions échangé nos numéros de « Vini », l'opérateur principal de téléphonie en Polynésie française.

Lors de cette soirée à Faa'a, nous partageons nos ressentis sur l'accueil des Polynésiens et sur la facilité de créer des contacts. En étant ici, au milieu de l'océan Pacifique, nous nous bonifions au contact des habitants locaux qui sont aimables et souriants. Geneviève et Dom' n'auraient peut-être pas imaginé nous inviter à Mérignac, près de Bordeaux, lieu de leur précédente résidence. Nous n'aurions certainement pas accepté de venir chez eux en nous connaissant si peu. Ici, les relations semblent plus simples et plus sincères. Ce n'est pas seulement parce que nous sommes français au bout du monde et que nous nous serrons les coudes. C'est quelque chose de plus, qui nous permet de présenter une meilleure facette de nous-mêmes. Nous faisons partie des Français de Métropole que les Tahitiens appellent les « popa'a ». Ce terme vient du Reo Maohi, « paapaa » qui signifie « roussi, brûlé ». Il désignait en réalité les premiers navigateurs européens brûlés par le soleil après plusieurs mois de mer.

Il y a aussi une certaine forme de mimétisme. Les Polynésiens sont accueillants. En règle générale, les gens sont très sympathiques avec nous, alors nous sommes sympathiques avec les autres. Tout simplement.

Geneviève nous présente quelques objets rapportés des îles Marquises lors de leur précédent voyage. C'est intrigant. Je me souviens qu'elle nous a présenté une herminette, un objet en bois avec une extrémité en pierre qui permet de tailler les pirogues. Il y avait aussi une sorte de pic en os très long d'environ trente centimètres qui était gravé sur le côté. Un accessoire de pêche peut-être ? Elle nous présente également une raie Manta en bois qui est très joliment exposée sur un meuble. Ils se rappellent très bien leur voyage aux Marquises et nous promettent que nous allons vivre une expérience riche en découvertes.

Geneviève fait partie des personnes avec qui il est simple d'entamer une discussion. Elle partage ses sentiments et ses ressentis sans aucun état d'âme, en toute simplicité. Tout paraît plus évident quand j'échange avec elle. J'ai pourtant l'impression qu'elle ne nous dit pas tout sur son voyage. Peut-être qu'elle veut nous préserver de quelque chose ou tout simplement nous laisser nous faire notre propre opinion sans nous influencer. Nous nous couchons tard. Je m'endors avec l'excitation de la veille du départ et quelques vapeurs de rhum Mana'o.

Le matin, Dominique nous dépose aimablement à l'aéroport qui est situé à quelques minutes en voiture. Nous le remercions après lui avoir fait promettre de venir nous voir à Moorea pour passer plus de temps ensemble.

Avant d'embarquer, nous prenons un petit déjeuner qui sera très rapide car nous sommes déjà appelés en salle d'embarquement. Les familles avec enfants sont prioritaires pour embarquer les premiers dans l'avion. Nous marchons quelques dizaines de mètres sur le tarmac et montons l'escalier qui nous mène dans l'habitacle.

Nous sommes assis dans l'avion, prêts au décollage pour les îles Marquises !

Notre arrivée aux îles Marquises !

Les quelques heures de vol et les 1400 kms passent vite. Je n'ai pas pour habitude de préparer nos voyages car j'aime me faire mon propre avis et mes découvertes personnelles. J'apprécie la magie de la surprise ou plutôt je préfère vivre les moments comme ils viennent plutôt que d'essayer de les planifier.

Pour autant, cette fois-ci, j'ai lu dans l'avion les quelques paragraphes sur les îles Marquises du *Lonely Planet.* J'ai profité de la sieste des enfants pour emprunter le livre que Céline avait emmené. J'ai dévoré les quelques pages. J'ai vraiment envie de m'intéresser à cette culture avant d'y être. Je ne veux pas manquer quelque chose. La vallée d'Hakaui semble être une randonnée incontournable à Nuku Hiva. Nous avons également prévu de visiter le site des grands tikis sur Hiva Oa et d'aller visiter le musée dédié au peintre Paul Gauguin ainsi que l'espace dédié à la mémoire de Jacques Brel.

Plus la destination s'approche et plus l'envie de découvrir la culture marquisienne monte en moi. C'est comme si l'arrivée aux Marquises était le début d'un voyage, d'une aventure et non l'aboutissement d'une envie qui date de plusieurs années.

Lors du trajet, nous survolons l'archipel des *Tuamotu.* Depuis le hublot, Céline pense reconnaître Rangiroa avec son lagon gigantesque. Effectivement, le pilote annonce par les haut-parleurs de l'avion que nous survolons cet atoll et qu'ensuite nous apercevrons Manihi. Vus du ciel, ces îlots paraissent immenses et les eaux avec des nuances de bleus magnifiques. On les appelle les îles basses. Ce sera une destination pour un autre voyage.

Ce qui nous attend, ce sont les îles hautes et la découverte des Marquises ! Notre avion atterrit vers 9 h 30 sur la piste d'atterrissage de Nuku Hiva qui longe l'océan. La demi-heure de décalage horaire avec Tahiti est une anecdote.

Nous prenons un selfie sur le tarmac avec le nom de l'aéroport en arrière-plan et le drapeau Marquisien qui a trois couleurs très vives qui sont représentées de la manière suivante :

- Le polygone jaune en haut pour la jeunesse et les réjouissances
- Le polygone rouge en bas qui est la couleur sacrée des chefs
- Le triangle blanc à gauche qui est la couleur sacrée des prêtres

À l'intérieur du triangle blanc, il y a également le ***Matatiki*** qui signifie le regard de ***Tiki***.

Le tiki est associé à la divinité, au demi-dieu, et au premier homme dans la mythologie marquisienne. Selon une tradition, après la mort du Tiki, les hommes ont sculpté son image dans la pierre pour conserver son souvenir. Les tikis représentent aujourd'hui des ancêtres qui sont des protecteurs.

Le premier regard que je croise est donc bien celui du tiki du drapeau Marquisien qui est flanqué sur la façade de l'aéroport. J'interprète ce croisement de regard comme un signe d'accueil bienveillant.

Tout le monde est ravi d'arriver aux Marquises. Je le suis encore plus. Nous allons découvrir de nouvelles îles, une nouvelle culture, de nouvelles personnes. Les enfants sont très contents de passer 100 % de leur temps avec « Maman » et « Papa » et d'être en vacances tout simplement.

À l'aéroport, une femme nous attend pour assurer notre transfert jusqu'à la pension. Elle nous accueille avec des colliers de fleurs comme c'est la tradition en Polynésie. Elle est un peu maladroite. Les colliers de fleurs sont emmêlés les uns dans les autres. Je ressens une petite gêne chez elle et je l'aide à démêler les colliers que nous enfilons finalement autour de nos cous.

— Ka'oha nui, mave mai à Nuku Hiva, lance-t-elle.

— Ia ora na, répondent timidement les enfants tout en regardant fièrement leurs colliers de fleurs.

— Merci, répondons-nous en cœur Céline et moi.

— Nous allons récupérer vos bagages et ensuite je vous emmène à votre pension, continue-t-elle en nous invitant à la suivre d'un signe de la main.

En quelques secondes, je réalise que la langue des îles Marquises n'est pas le tahitien ! Les enfants ont pris l'habitude de dire bonjour en tahitien avec « ia ora na » qu'ils prononcent de manière très locale en roulant le « r » mais je n'avais encore jamais entendu les mots d'accueil marquisiens.

J'aide notre chauffeure à porter nos valises avant de grimper dans le véhicule qui nous attend à l'extérieur. La terre est sèche, l'air est presque frais alors que nous venons de quitter Tahiti sous 35 degrés avec un taux d'humidité très élevé.

La personne qui assure notre transfert, conduit un gros véhicule de type 4x4 et fait le trajet avec des touristes pour la deuxième fois seulement. Elle nous explique qu'elle est accompagnée par un guide qui l'assistera dans les explications car elle n'est pas encore tout à fait à l'aise pour cette nouvelle activité. Il est à l'arrière de la voiture dans l'espace généralement dédié aux touristes et à leurs bagages quand ils sont nombreux. Je suis assis à l'avant, côté passager. Céline et les enfants sont sur les sièges à l'arrière.

Comme le trajet dure un peu plus d'une heure, le véhicule s'arrête régulièrement à des points de vue pour nous donner quelques explications et une première présentation de l'île. Notre découverte marquisienne commence déjà alors que nous avons à peine atterri. C'est une bonne surprise.

Nous sommes en « terre déserte » ! Je suis surpris car le sol et les quelques arbustes sont très secs et il y a peu de végétation. Cette zone porte vraiment bien son nom. Nous nous arrêtons à plusieurs endroits qui nous surprennent car nous ne nous attendions pas à voir ce type de paysage en Polynésie. Le contraste est saisissant avec les îles du Vent qui sont entrées en saison des pluies et qui sont verdoyantes. Nous sommes aux Marquises : un autre climat, une autre atmosphère, des montagnes très hautes, l'océan à perte de vue, et pas de lagon.

Nous empruntons une route qui grimpe la montagne. En réalité, il n'y a qu'une seule route qui mène à notre destination. Notre conductrice nous informe que la route n'était pas comme cela auparavant. Depuis quelques années, la route goudronnée a remplacé un chemin de terre et de pierres qui était très dangereux. Les trajets étaient plus difficiles et beaucoup plus longs.

Petit à petit, la végétation semble plus présente. Nous traversons une forêt mais cela ne ressemble pas du tout à une forêt tropicale. La majorité des arbres sont des conifères. Une zone de végétation est brûlée. Je demande ce qu'il s'est passé à notre conductrice. Elle nous explique qu'un chasseur n'a pas été prudent et qu'un feu s'est propagé très vite. La réponse me suffit, je ne cherche pas à en savoir plus.

Nous effectuons un premier arrêt juste avant un col de montagne. Nous avons une vue panoramique sur une vallée creusée dans la roche. La vallée est en forme de canyon avec des parois parfois très raides. Il y a une forêt de pins sur un des flancs. Le paysage me fait penser à celui de la Joue du Loup dans les Hautes-Alpes en été. On doit être à près de 1000 mètres d'altitude. Le guide nous explique que cette forêt a été plantée il y a une trentaine d'années parce que les sols étaient très secs et qu'il fallait trouver une variété d'arbres qui pouvait supporter les conditions climatiques et qu'on puisse aussi exploiter par la suite. À ce jour, les pins continuent à pousser et la forêt n'est pas vraiment exploitée. Même si cela paraît encore un peu sec, la vallée laisse apparaître une forêt dense. Quand les parois sont trop abruptes, la végétation tente quand même de s'y développer.

La terre est brune, la forêt verte, le ciel bleu avec quelques nuages blancs. Le tout est baigné de soleil. Nous avons déjà une carte postale de notre destination de vacances !

Après quelques kilomètres, nous nous garons quelques secondes seulement et repartons aussitôt : nous sommes au sommet mais nous ne voyons presque rien ! Le brouillard est si épais et si présent que la visibilité est quasi nulle. La conductrice nous informe que la vue sur la vallée est superbe quand le ciel est dégagé mais à ce moment-là, il est inutile de rester plus longtemps. Elle nous annonce qu'il a plu la veille et comme le soleil brille ce matin, le brouillard doit certainement être lié à la chaleur et l'humidité qui se dégage de la forêt. L'île de Nuku Hiva est étrange. Cette île est sauvage. Il fait même froid en haut de cette montagne ! J'ai le sentiment qu'il n'y a personne alors que l'île paraît gigantesque. J'ai appris plus tard qu'elle était effectivement très grande avec une superficie de 339 km^2 : la deuxième plus grande île de Polynésie après Tahiti. Je remonte ma vitre pour éviter que l'air très frais finisse par nous refroidir totalement.

En descendant dans la vallée, nous traversons le plateau de Toovii. On y découvre des pâturages et on devine les départs de sentiers de randonnées dans la forêt de pins. L'air est encore frais mais ces paysages sont rassurants et me semblent plus familiers.

Plus tard, nous croisons des chevaux sauvages sur le bord de route, et parfois même sur la route. Leurs robes sont de couleur foncée. La crinière et la queue sont de couleur noire, parfois marron clair. Ils laissent passer la voiture en nous regardant. Cela amuse les enfants. Les animaux sont assez petits et semblent vifs. Avec Céline, on se dit qu'il faudra qu'on essaye de faire monter les enfants sur ces chevaux.

Encore quelques minutes de route et nous nous arrêtons pour contempler la vue et écouter les explications données par notre guide sur la baie de Taiohae. La végétation est maintenant luxuriante. Plus rien à voir avec les terres arides de la zone de l'aéroport. Les bananiers et les manguiers sont nombreux mais aussi des palmiers, des bougainvilliers, des pandanus, des fougères, et toutes sortes de variétés d'arbres avec des formes et des variantes de couleur magnifiques.

La baie semble être un lieu de vie qui rassemble les premiers habitants. J'aperçois plusieurs voiliers dans la baie. De part et d'autre, j'observe deux avancées arides qui avancent vers l'océan. J'aperçois également un chemin de montagne qui mène à des habitations et qui nous invite à descendre. J'ai hâte d'être en bas de cette vallée pour y découvrir la vie de village. Le guide nous informe que quand le ciel est très dégagé, il est possible d'apercevoir une autre île au loin : Ua Pou.

Ce guide qui nous accompagne semble être un puits de connaissance sur son île. Il est intarissable sur la végétation et sur les histoires qu'il nous raconte. À chaque fois, que nous remontons en voiture, j'ai l'impression qu'il veut nous en dire encore un peu plus. Nous avons de la chance d'être véhiculés par des personnes passionnées et qui transmettent déjà la passion pour leur île.

Mes premières impressions sur Nuku Hiva sont vraiment spéciales. Je me retrouve dans un endroit qui paraît à la fois familier sur certains aspects mais en même temps, je découvre une atmosphère très particulière. L'île paraît hostile et accueillante à la fois.

Notre installation

Pour la découverte de Nuku Hiva, nous avions choisi de réserver une pension pour avoir des contacts avec les habitants locaux et pour échanger davantage sur leur mode de vie. Pas de chance ! Après quinze minutes passées dans la chambre, nous décidons de quitter l'endroit avant même d'ouvrir nos bagages. Nos yeux piquent ! Depuis quelques jours, la pension était fermée aux voyageurs afin d'effectuer des travaux de peinture. Le résultat est parfait mais la peinture sur les murs est à peine sèche. Impossible pour nous d'y faire dormir les enfants car l'odeur y est trop forte et incommodante.

Rose, la propriétaire des lieux, comprend tout à fait notre problème. Elle est même gênée par la situation. La dame est âgée et a des difficultés pour se déplacer. Elle n'était pas allée dans les chambres pour vérifier la bonne fin des travaux. Très rapidement, elle propose de nous rechercher une autre solution d'hébergement. Elle sort alors un petit carnet qui lui sert de répertoire et commence une longue série d'appels téléphoniques avec son accent américain. Chaque nom et chaque numéro de téléphone sont écrits à la main. Le carnet est parfois raturé à plusieurs reprises comme si celui-ci avait vu passer les années avec les évolutions des numéros de téléphone et des personnes.

Je me rends compte que malgré l'épais carnet avec une multitude de contacts, le nombre de logements n'est pas très important sur Nuku Hiva et que les hébergements touristiques semblent déjà tous complets. Pourtant, le nombre de touristes ne m'a pas paru si important et les passagers présents à l'aéroport quelques heures plus tôt n'étaient pas si nombreux.

Après plusieurs demandes réalisées par la propriétaire et autant de refus, je ressens bien que la tâche ne sera pas aisée. Avec l'accord de la propriétaire, nous laissons nos valises et nous décidons d'aller faire une balade le long de la baie. Il est déjà midi et il est l'heure de dévorer les sandwichs récupérés dans l'avion plus tôt dans la matinée. Il faut prendre des forces car l'après-midi ne sera pas de tout repos…

Tout est calme et la baie est silencieuse. Un cheval est attaché à l'ombre d'un arbre. L'atmosphère est tranquille. Nous trouvons un tronc couché au sol pour nous asseoir et nous déjeunons en admirant le paysage face à la mer. Un homme passe en *va'a*. Cette pirogue polynésienne très profilée peut se pratiquer seul, à trois ou à six selon le modèle. Un balancier fait contrepoids d'un côté. Quand plusieurs rameurs sont à bord, il faut pagayer en étant ensemble pour garder un maximum de vitesse.

De mon expérience, trois choses sont importantes pour pratiquer la pirogue polynésienne : le rythme, la puissance et la direction. J'ai la chance d'avoir essayé à plusieurs reprises cette embarcation pour naviguer dans le lagon de Moorea et également pour effectuer quelques sorties dans l'océan avec Tehei, celui qui m'a initié à cette pratique sportive singulière en Polynésie. C'est un sport qui fait travailler le rythme cardio et qui oblige une bonne synchronisation pour réussir à prendre de la vitesse et à surfer quelques vagues. Celui qu'on observe est un monoplace qui longe la baie pour s'éloigner peu à peu. L'homme effectue un mouvement de pagaie régulier sans aucun bruit comme pour respecter la tranquillité du moment.

La pirogue à balancier ou la pirogue double était un véhicule qui permettait d'explorer mais aussi de transporter de la marchandise, de participer aux combats maritimes, de pêcher. Selon les croyances, c'était également un véhicule pour le passage vers l'au-delà. La pirogue servait pour les sacrifices ou les passages des âmes vers le paradis qui se trouvait dans l'océan selon les croyances marquisiennes et non dans le ciel comme c'est le cas pour certaines religions.

Ce que nous avions aperçu d'en haut est bien une réalité. Même si la plage n'est pas recouverte de sable blanc, le lieu est très beau. La plage de sable noir a en effet aussi beaucoup de charme. L'endroit est brut et à l'apparence encore naturelle et très sauvage. Il y a une vie de village qui semble totalement en harmonie avec la nature. Je partage avec Céline mes activités « coups de cœur » sélectionnées lors de mes lectures dans l'avion et nous essayons de planifier un programme.

L'absence de logement nous inquiète malgré tout et ce n'est pas facile de faire des prévisions sans connaître notre lieu de couchage pour les prochains jours. J'imagine même dormir en tente si nous ne trouvons pas d'hébergement disponible. J'ai lu qu'il était possible de bivouaquer sur une des baies. Les enfants seraient ravis.

Il est 13 h 15, nous retournons à la pension. Une solution a été trouvée ! La propriétaire a profité de notre absence pour arranger une ancienne maison en logement provisoire. Malheureusement, la proposition est vraiment trop spartiate. La salle de bain est en très mauvais état et nous ne souhaitons pas dormir sur le vieux matelas qu'elle nous met à disposition.

Après quelques minutes de réflexion, je lui demande de tenter encore quelques appels téléphoniques…

Son téléphone sonne justement. Ça y est ! La propriétaire nous a trouvé une chambre disponible !

Ouf ! De grands sourires remplacent nos débuts de grimaces qui commençaient à s'installer sur nos visages.

Nous rassemblons les enfants et les bagages. La dame qui nous avait récupérés à l'aéroport nous fait monter dans son véhicule. Elle partage avec nous son embarras et il me semble qu'elle est encore plus heureuse que nous pour l'annonce de cette chambre providentielle. Quelques centaines de mètres plus loin, elle nous dépose à l'entrée d'une maison un peu en hauteur de la baie, non loin de l'endroit où nous avions pique-niqué.

La propriétaire nous accueille et nous fait visiter la chambre préparée quelques minutes seulement avant notre arrivée. La pièce est très spacieuse, climatisée et permet de nous accueillir à quatre sans difficulté. Pour nous, c'est parfait et les enfants adorent l'idée de dormir avec nous dans la même chambre ! Tout le monde est soulagé.

Après les formules de politesse et d'accueil, une conversation s'engage :

— Que faites-vous ce soir ? demande Debora, la propriétaire des lieux.

— Nous n'avons rien de prévu pour l'instant, répondis-je.

— Si vous voulez, je peux vous emmener à une fête locale au village. Il y a aura un spectacle pour les aînés. On pourra certainement dîner là-bas, propose-t-elle.

— Oui volontiers, c'est une très bonne idée. Cet après-midi, on pensait aller visiter le village et admirer le point de vue depuis le haut de la colline située en face. Penses-tu que c'est possible avec les enfants ?

— Bien sûr. Allez-y et rendez-vous vers 16 h 30 pour notre départ.

— OK, parfait !

Et nous voilà avec une chambre pour les prochaines nuits, un programme pour le soir et même un dîner. Les vacances commencent bien et nos aventures aussi.

Notre hôte nous met à l'aise tout de suite. Sa maison est très accueillante. Elle vit seule et a l'habitude de recevoir des personnes chez elle. Cela doit certainement lui faire un complètement de revenus. Debora est dynamique et doit avoir à peine la soixantaine. Nous voulions une pension, nous voilà en chambre d'hôte. Encore mieux !

Le temps de déballer nos bagages et les enfants font connaissance avec Pelekai, la petite fille de Debora. Mathis est content d'avoir trouvé une copine de jeux qui a son âge. Tout le monde est détendu. Les enfants font connaissance également avec le chat de la maison. Je ne sais pas si c'est à cause des péripéties liées au changement de logement ou si c'est la maison et sa propriétaire qui nous rassurent, mais nous nous sentons bien.

Lors du pique-nique, nous avions lu qu'il était possible de se rendre de l'autre côté de la baie. Debora nous confirme que c'est tout à fait accessible à pied. Nous nous mettons en route pour la colline Tuhiva qui surplombe la baie. ***Tuhiva*** signifie « Hiva debout » en Marquisien. En 1842, La France avait pris possession des îles du sud de l'archipel et le Fort Collet avait été construit sur cette colline. Il n'existe plus aujourd'hui. À partir de 2015, le conseil municipal de Nuku Hiva a décidé de valoriser le site avec la construction d'une très haute statue représentant un ***tiki***.

Il fait très chaud et la promenade risque d'être plus difficile que prévu. Je lève la main pour tenter de faire de l'auto-stop et en moins de trente secondes la première voiture qui passe s'arrête. Le conducteur est très sympathique. Nous échangeons quelques mots, il travaille à l'aéroport. Il nous dépose au pied du Tiki en quelques minutes seulement. Nous sortons du véhicule et notre aimable chauffeur se lève et quitte son poste de conduite pour nous saluer. Il nous souhaite de passer un agréable séjour et de profiter des vacances pour faire de belles découvertes.

Je le remercie et nous montons rapidement la colline en empruntant un chemin piétonnier. Les enfants courent pour arriver les premiers au sommet.

Une sculpture en béton projeté, recouverte de terre et d'argile, se dresse en haut de la colline. C'est un tiki de 12 mètres de haut. Cette œuvre a été inaugurée en 2017. Le tiki représente une femme qui est la gardienne de la Tradition et du Savoir. Derrière elle, il y a une statue de guerrier. Il semble s'extirper du tiki et regarder vers le futur. Le nombril de la femme est percé et il est possible d'y glisser un message en grimpant sur les reconstitutions de ***Pahu***, les tambours en pierre à l'avant de la sculpture.

Cette œuvre a été imaginée par *Gregorio Pordea Grand-Midi* et réalisée avec la collaboration de deux autres sculpteurs marquisiens.

L'artiste a également réalisé une sculpture plus connue de vague à Teahupoo à Tahiti. J'ai appris plus tard que les habitants de Nuku Hiva n'ont pas tous accepté cette œuvre car ils la trouvent peu représentative de la sculpture marquisienne.

Nous profitons de la vue sur la baie et le village. Le soleil est bien présent et j'ai la sensation que la chaleur est de plus en plus forte. À proximité, il y a le départ d'une randonnée qui se nomme « La sentinelle ». Il nous est impossible de faire cette marche avec les enfants car il fait beaucoup trop chaud.

Nous faisons le tour du Tiki, prenons des photos, lisons quelques explications et finalement nous décidons d'emprunter la direction du port pour nous rafraîchir avec une boisson. Nous prenons le chemin qui fait le tour du mont et en descendant, nous découvrons un parcours de santé. Les enfants réalisent les sauts et les acrobaties de circonstances ! Nous sommes arrivés en bas. Personne n'est blessé !!

Près du port, toute la famille s'assied à une table sur la terrasse d'un snack qui s'appelle « le petit quai ». Nous commandons une citronnade. C'est sûrement un des meilleurs rafraîchissements que nous n'ayons jamais bus. Je comprends maintenant l'excellente réputation des citrons marquisiens.

Après un moment de récupération, nous allons à la rencontre d'un pêcheur qui déballe ce qu'il a pêché. Il sort de son énorme glacière plusieurs poissons de différentes tailles. Il y a aussi un poulpe. Quelques requins nagent dans la baie à proximité des étals. Ils attendent que le pêcheur vide les poissons pour prendre leur part. Les enfants tentent de reconnaître les poissons pêchés. Je vérifie qu'ils ne s'approchent pas trop du bord pour éviter de tomber à l'eau. Il n'y a presque pas d'accidents avec les requins mais c'est aussi parce que la baignade après 17 h est fortement déconseillée quand les requins commencent à chasser. Il faut aussi éviter de se baigner à proximité du port de pêche, là où les poissons sont vidés et écaillés pour ensuite être vendus.

À Moorea, nous avons l'habitude de croiser les requins de lagon lors de nos baignades. Les requins pointe noire ne sont pas agressifs et c'est souvent nous qui leur faisons peur. Ici, il n'y a pas de lagon et j'imagine que les requins de l'océan que nous apercevons peuvent être potentiellement plus grands et peut-être plus agressifs.

En quittant le port, nous rencontrons par hasard Jean-Paul qui patiente dans son véhicule sur un parking. Il attend Nelly, son épouse. Elle s'est arrêtée au centre artisanal pour acheter quelques souvenirs. Ce sont nos amis de Moorea qui sont venus aux îles Marquises quelques jours avant nous grâce à un échange de maison. Jean-Paul est professeur de physique. Il enseigne au sein des deux collèges de Moorea et nous avons fait connaissance grâce à leur deuxième fils qui est à la même école que nos enfants à Teavaro. Nelly sort de l'espace dédié aux touristes et vacanciers avec les bras remplis de souvenirs. Ils nous racontent leurs anecdotes. Elle est très enthousiaste comme toujours. Ils adorent randonner et sont sous le charme de Nuku Hiva. Nous partageons nos aventures depuis notre arrivée.

Finalement, toute la famille monte à l'arrière de leur 4x4 et Jean-Paul nous dépose chez notre hôte. Nous convenons de nous revoir pour dîner ensemble un soir. Après une douche, nous repartons pour la soirée des aînés, sans vraiment savoir ce qui nous attend.

Notre première soirée aux Marquises

Je ne sais pas pourquoi cette soirée dédiée aux aînés existe. Par pudeur, je n'ai pas osé demander à notre hôte, ni aux personnes présentent sur place. Toujours est-il que la relation aux anciens et la relation à la mort ont quelque chose de différent aux Marquises.

J'ai appris par la suite que c'est l'association « *Te papa enana motua* » qui offre à ces anciens du village l'occasion de se retrouver une fois l'an et permet ainsi de rendre hommage à ceux qui ont disparu les dernières années.

Vers 17 h, nous accompagnons Debora pour nous rendre à la soirée. Nous nous garons face à l'océan à quelques centaines de mètres seulement de notre logement. Le rassemblement a lieu sur la place devant la cathédrale Notre-Dame-des-Iles-Marquises. Des personnes âgées sont assises devant des tables disposées en « U » devant un espace dégagé qui sert de scène de spectacle.

L'animation de la soirée est faite par l'association des aînés qui a rassemblé une centaine de personnes. La soirée commence. Une personne prend la parole pour expliquer le rôle de l'association et l'accompagnement nécessaire des personnes âgées. À l'arrière de la scène, une dizaine de photos de visages de personnes âgées, imprimés sur des toiles blanches, sont recouvertes d'un voile opaque. Chaque personnage sera découvert lors de la soirée. Chaque photo est très grande et doit mesurer plus de deux mètres de hauteur.

Je suppose que les personnes sur les photos recouvertes sont décédées dans l'année et que c'est une sorte d'hommage. Des anecdotes les concernant sont données. Les explications sont en Marquisien. Nous ne comprenons pas les mots mais j'interprète simplement les gestes, les réactions. Certaines personnes autour de la table pleurent. Parfois, les personnes applaudissent. Souvent, elles rient. L'ambiance est joyeuse. Les invités sont contents de se retrouver, de se saluer, de passer du temps ensemble.

Nos enfants jouent avec d'autres sur un terrain vague proche de place de la cathédrale, à proximité d'un parking. Je jette un œil de temps en temps pour m'assurer qu'ils sont en sécurité. Il n'y a pas de circulation de voiture et les enfants, qui sont au nombre de sept ou huit, courent et sautent dans tous les sens. Tout semble aller très bien pour eux.

Le spectacle commence avec des musiciens qui rythment la soirée. Les tambours et d'autres instruments locaux commencent à rendre la soirée encore plus festive. La musique est de plus en plus forte et le crépuscule est maintenant présent.

Un homme souffle dans un Pu, une grande conque. C'est un gros coquillage utilisé comme instrument de musique en Polynésie. Il permet de capter l'attention de l'ensemble des spectateurs en réalisant un son qui est tenu assez longtemps. Il doit certainement y avoir d'autres significations mais l'objectif est atteint. Le musicien a capté l'attention de toute l'assemblée.

Une femme commence un chant qui est le Mave Mai, un chant de bienvenue. Ce chant est important car c'est celui qui nous accueille pour le démarrage de cette soirée. C'est aussi le chant d'accueil de notre premier jour sur l'archipel. Nous sommes les bienvenus sur l'île.

« Memai Memai, Mave Mai
Venez, venez, Bienvenue

E Koìka, e koìka, e koìka ta tātou i tēnei â
C'est la fête, c'est la fête, c'est notre fête aujourd'hui

Mave mai »
Bienvenue

Plusieurs femmes arrivent maintenant sur la scène et démarrent le spectacle. Les chants sont très originaux et les voix un peu mélancoliques. Elles s'élèvent au-dessus de la musique et j'ai l'impression que ce sont les voix des femmes qui viennent maintenant donner la cadence, donner le rythme. Les costumes traditionnels sont très beaux. Ils sont réalisés en partie avec des matières naturelles. Les femmes portent des boucles d'oreilles, des colliers et des fleurs à l'oreille. Elles sont toutes vêtues d'un pareo rouge et d'un haut blanc.

Les femmes ont sans aucun doute un rôle important dans la danse et les chants marquisiens. Je me rends compte, après quelques heures passées aux Marquises, que les femmes ont un rôle singulier et qu'elles ont peut-être un statut différent de celui qu'on rencontre dans les civilisations occidentales. Depuis que nous sommes arrivés, nous avons eu essentiellement des contacts féminins. Mais où sont les hommes ?

Le spectacle continue et les danseuses sont en grande forme. On assiste à un spectacle de danse traditionnelle qui est à la fois captivant par le rythme et les danses qui sont exécutées par les femmes gracieuses.

Place maintenant au ***haka*** réalisé par les hommes. Le haka était à l'époque des tribus une danse d'intimidation entre deux clans adverses afin d'éviter un affrontement physique lors d'un désaccord. La danse est précédée d'un chant mélancolique d'une femme. Je ne comprends pas les paroles mais cela semble être une introduction au spectacle des hommes qui va suivre.

Ils entrent en scène.

Les corps sont bronzés, tatoués. Des bandes de raphia sont attachées avec des liens en écorce au niveau des genoux, un pagne attaché aux hanches. Les hommes portent des colliers avec des dents de cochons longues, très pointues et légèrement incurvées. L'un des danseurs a une coiffe de plumes sur la tête. C'est lui qui mènera la danse.

Les danseurs exécutent des pas de danse très saccadés et très rapides. Ils sont au nombre de cinq et sont comme transcendés par toute la culture et l'histoire. Les hommes chantent et parfois crient. Le battement des tambours est fort.

Un des danseurs croise mon regard. J'ai l'impression de reconnaître la personne qui nous a pris en autostop et qui nous a déposés quelques heures plus tôt près de la colline Tuhiva. Nos regards se croisent un très court instant. Il me regarde mais en réalité je me surprends à être présent à une autre époque. Quelques secondes, je m'imagine danser à leurs côtés lors d'une fête qui célèbre la fin d'une bataille victorieuse contre un clan ennemi. Un court instant, je fais partie du spectacle, je fais partie du clan.

La musique s'arrête et je me rassure en voyant Céline à mes côtés. Cette musique et ces chants sont envoûtants…

Nous assistons maintenant à la danse du cochon. Le souffle, ou plutôt le râle, est très singulier. Cette danse avait été interdite par les missionnaires en raison de ses connotations érotiques. J'essaye de croiser à nouveau le regard du danseur mais sans succès.

À la fin des danses exécutées par les hommes, les femmes les rejoignent pour des chants et des danses en commun. Elles donnent le rythme tout en chantant et en frappant sur de fins morceaux de bois qui semble être du bambou. Les hommes ont des voix graves qui doivent s'entendre de très loin. Les femmes des voix plus aiguës, mais très douces et très agréables.

Les chants des femmes et des hommes sont alternés comme s'ils se répondaient ou se complétaient.

Nous assistons à un spectacle qui m'impressionne. Je vis un moment inoubliable. Ces danses et ces chants marquisiens sont mémorables tant par la chorégraphie que par le rythme de la musique. La culture marquisienne est incarnée par ces danseurs exceptionnels.

En assistant à ce spectacle, je me sens invité à venir découvrir leurs traditions, leurs cultures. Il y avait autrefois une centaine de danses et de chants qui étaient le socle de l'identité aux îles Marquises. Aujourd'hui, la mémoire collective n'en a retenu qu'une dizaine mais les recherches se poursuivent par les passionnés de la culture. Les danses illustraient le quotidien des Marquisiens lors d'évènements festifs, religieux, ou pour des rituels sacrés. Les chants racontent une légende, une histoire de la vallée ou du lieu où l'évènement a lieu.

La soirée se termine et les personnes présentes prennent le temps de se saluer avant de se quitter. Notre hôte a commandé des pizzas qui nous attendent déjà chez elle. Nous rentrons pour partager le dîner. Debora m'offre une bière. Lors de cette première soirée, nous faisons connaissance. Le contact est facile. Le courant passe bien entre nous. Les enfants jouent à nouveau avec le chat dans le salon. Nous profitons de la terrasse et des températures douces pour échanger sur notre programme.

Dans l'après-midi, nous avons pris le temps de réserver une voiture de location pour visiter l'île le lendemain. Le véhicule nous sera amené directement demain matin. Nous aimerions planifier la randonnée dans la vallée de Hakaui un autre jour. Debora nous conseille de nous rendre à la baie d'Anaho le lendemain pour une petite randonnée. Elle nous recommande aussi de faire l'excursion avec sa fille, Aniata, afin de découvrir les sites archéologiques en ayant les explications nécessaires. Nous validons cette sortie pour après-demain. Enfin, elle contacte le couple qui vit dans la vallée de Hakaui et qui organise la randonnée pour découvrir la cascade de Vaipo. Nous pourrons y aller dans deux jours.

Notre programme est bien rempli. Nous allons nous coucher pour être en forme le lendemain. Avant de fermer les yeux, Céline et moi mesurons la chance que nous avons d'être hébergés chez Debora. Le destin semble nous avoir amenés à cet endroit et cela nous apparaît comme une évidence. Debora nous facilite le voyage et nous a fait découvrir les chants et les danses lors de cette soirée. Elle est rassurante et nous oriente pour que notre voyage soit source de découvertes. Je me rends compte aussi que nous ne savons pas grand-chose sur notre hôte. Il me semblait qu'elle était connue par un grand nombre de personnes qui sont venues la saluer lors de la soirée.

Avant de m'endormir, je suis comme un enfant avec l'envie et l'impatience de commencer la journée du lendemain ! Je m'endors avec les chants marquisiens en tête.

Chapitre 3
Les personnes qui inspirent

L'inspiration et l'admiration sont les mamelles éternelles de la plume.

Gérard Klein/*Histoires comme si*

Le 16 décembre

Notre première nuit est reposante, même très reposante. Comme d'habitude, je suis debout tôt, vers 5 h 30. Je profite de ce moment calme pour parcourir quelques livres qui sont présents sur la bibliothèque. Je m'installe dans le canapé du salon. J'ai choisi un livre sur les tatouages marquisiens. La couverture est belle et je parcours quelques pages. Des illustrations et des descriptions me permettent d'en apprendre un peu plus sur cet art. Un autre livre présente un carnet de voyage aux îles Marquises. C'est « Ka'oha nui » de *Sébastien Lebègue* qui est illustré avec des aquarelles de paysages. Les représentations sont splendides. Je retrouve déjà des endroits qui me sont déjà familiers : la baie de Taiohae, le mont Tuhiva, la sentinelle. Le texte est agréable à lire.

J'ai choisi un troisième livre mais je n'ai pas le temps de l'ouvrir. La couverture est belle, colorée. C'est une légende marquisienne. Ce n'était peut-être pas le moment pour découvrir cette légende ou tout simplement je n'étais pas encore prêt pour l'accueillir. Céline et les enfants descendent l'escalier qui mène au salon. J'ai à peine le temps de poser les livres que Mathis me saute dans les bras et m'embrasse avant d'aller taquiner le chat qui ronronnait près du canapé. Lily-Rose est encore dans les bras de Céline avec les yeux fermés. Les réveils sont toujours plus difficiles pour ma fille.

Tout le monde a bien dormi et personne n'a entendu de coqs chanter ! Nous aidons Debora à terminer de dresser la table pour le petit déjeuner sur la terrasse. La vue sur la baie est exceptionnelle. Le soleil brille, nous réchauffe et nous éblouit même. Debora abaisse un store vénitien en bois fixé sur le plafond de la terrasse qui permet d'éviter la gêne du soleil tout en laissant passer la lumière. C'est agréable. Lors du petit déjeuner, nous validons à nouveau notre programme. Ensuite, je range les livres et je prépare le sac à dos pour la journée.

Notre 4x4 est arrivé. Une femme me fait signer le contrat de location et me donne les informations essentielles pour l'utilisation du véhicule pendant que Céline termine de préparer les enfants.

Nous quittons la maison vers 8 h 30. Nous nous arrêtons faire des courses pour le pique-nique du midi et acheter quelques bières pour remplir le frigo. Le magasin d'alimentation s'appelle « chez Céline ». Cette petite supérette permet de trouver les produits essentiels d'alimentation. On y trouve tout ce dont nous avons besoin pour notre déjeuner du midi. J'ai l'impression qu'il n'y manque rien alors que le magasin n'est vraiment pas très grand. Depuis quelques mois que nous sommes en Polynésie française, nous avons appris à consommer autrement. Je pense que je suis déjà un peu transformé par notre voyage en Polynésie. J'ai appris que sur une île, il fallait se contenter de ce qui était disponible mais nos envies, nos besoins sont aussi plus simples. Les quelques courses terminées, en route pour *Taipivai*. C'est le village qui se trouve sur la route pour rejoindre la randonnée qui nous emmènera à la baie d'Anaho.

Je conduis tout en recherchant la route qui quitte Taiohae. Je me trompe. J'aurais pu le faire exprès car il n'y a que deux intersections. Je fais demi-tour et nous revenons sur nos pas. Je trouve le bon embranchement et nous montons la route sinueuse qui quitte Taiohae. Il n'est pas nécessaire d'avoir une carte routière ni un GPS. Il faut simplement ne pas emprunter la route qui mène à l'aéroport et prendre à droite en direction de l'autre vallée. La végétation, les arbres, l'océan, les chèvres… Nous découvrons à notre rythme, je ne roule pas vite. D'ailleurs, depuis que nous sommes en Polynésie française, il est très rare que je dépasse la vitesse de 60 km/h en voiture. C'est agréable de profiter du paysage, de pouvoir s'arrêter quand on le souhaite. On se sent aussi beaucoup plus en sécurité en roulant calmement sur les routes sinueuses. Les vitres de la voiture sont abaissées. L'air qui entre nous rafraîchit et nous sentons les odeurs de la nature.

Sur un mur de falaise, il y a une peinture de main, une sorte de tag, qui représente le signe « shaka » qui signifie « relax, détends-toi ! ». Pour les anglophones, ce signe se prononce « hang loose » qui se traduit par « lâcher prise ». Le poing de la main est fermé. Le pouce et l'auriculaire sont tendus. C'est décalé de voir cela en pleine nature et en même temps tellement vrai de profiter de l'instant.

Depuis que nous sommes en Polynésie, nous nous sommes familiarisés avec quelques habitudes de vie locale.

Tout d'abord, tout le monde se tutoie. Le changement dans les relations est assez surprenant quand on débarque de la métropole. Le respect est toujours présent et j'ai le sentiment qu'on communique d'égal à égal. Les contacts sont plus faciles et les relations sont plus franches et plus directes. Je pense même que les échanges sont plus sincères car on ne se cache pas derrière une formule de politesse. Après quelques semaines, on s'habitue très vite au tutoiement et « s'il vous plait » est remplacé par « s'il te plait » à la fin de nos questions.

En Polynésie, on se salue. Il est normal de se dire bonjour même si on ne se connaît pas. Cela peut être par la parole mais aussi par les gestes, en se souriant. En se saluant, les échanges et les conversations viennent plus naturellement. Il est certain que l'endroit où nous vivons influence mon avis. L'île de Moorea n'est pas très grande. 18 000 habitants se répartissent sur l'île et les 60 kms de route de ceinture se parcourent facilement. L'atmosphère qui y règne et plutôt celle d'un petit village où tout le monde se connaît.

Et enfin, il y a les expressions orales et les signes. À Papeete, il n'est pas rare de saluer en disant « Bro' », utilisé pour « brother » tout en secouant la main avec ce fameux signe shaka. Le même signe est utilisé pour saluer une personne de loin en levant très haut le bras. Nous avons également découvert que les Polynésiens réussissent même à s'exprimer en réalisant un haussement de sourcils ! Quand je dépose les enfants à l'école de Teavaro à Moorea, l'agent municipal qui aide les enfants à traverser la route est un adepte de ce petit signe qui évite de parler mais qui permet tout de même de prendre en compte l'interlocuteur. Souvent, ce mouvement de sourcils signifie tout simplement « oui ». Peut-être qu'il est « ***fiu*** » de son travail. Une expression locale qui signifie « fatigué, ennuyeux, lassé, pénible ».

Un peu plus loin, j'arrête le véhicule car j'aperçois un cheval sur le côté de la route. Un homme fait descendre de la montagne des sacs en toile de jute. Il les charge sur le dos du cheval. Je coupe le moteur. Il n'y a pas de bruit sauf ceux de la forêt et des quelques branches qui sont balancées par une légère brise. Nous observons l'homme et je lui demande :

— Sommes-nous encore loin de Taipivai ?

— Non, encore quelques kilomètres seulement, me répond-il.

— Ce sont bien des noix de coco dans vos sacs ?

— Oui, c'est bien ça.

— Bon courage et bonne journée !

— Merci

Le travail effectué par cet homme semble très pénible. Il reste concentré sur sa tâche. Les enfants regardent l'homme et le cheval par-dessus la portière de la voiture. Plus personne ne parle. L'homme s'applique dans son travail. Le moment est presque religieux. Je porte beaucoup de respect aux personnes qui exécutent ce type de tâches physiques.

Nous continuons notre chemin sans le déranger davantage. Sur la route, les enfants nous questionnent sur l'homme, son cheval et sur son travail. Nous répondons à leurs questions.

Quelques kilomètres plus loin, je m'arrête à nouveau car j'ai aperçu un homme en contrebas de la route.

— Qu'est-ce qu'on fait ? demandent les enfants.

— Descendez et venez voir, je leur réponds sans vraiment savoir ce qu'il va se passer.

Cette fois-ci, tout le monde descend de notre véhicule. Je sais que Céline adore quand j'essaye de les surprendre et elle se prend aussi au jeu.

Un homme est assis derrière son établi. Il est à l'ombre dans une sorte d'abri, une cabane réalisée en bois et en tôle. De loin, il m'a semblé apercevoir qu'il sculptait une pièce en bois. Nous nous approchons. Il est encore assez tôt mais il commence à faire chaud. Sa cabane est à l'ombre et elle fait face à la vallée. Il y a des arbres fruitiers, des poules, des chats et un potager sur le côté. Il vit peut-être là. Je lui demande :

— Est-il possible de s'approcher pour que les enfants découvrent ton travail ?

Il acquiesce de la tête. Il me semble reconnaître ce qu'il sculpte. C'est un casse-tête, une grande massue de guerre. Le sculpteur semble très abordable même s'il ne lève pas vraiment la tête et que nous n'avons pas encore entendu le son de sa voix. Il reste concentré sur sa tâche.

Il s'arrête et s'adresse aux enfants pour expliquer ce qu'il fait et leur montrer comment manipuler les ciseaux à bois. Mathis est intrigué par le casse-tête.

— À quoi ça sert ? demande-t-il.

— C'est une massue de guerre U'u, lui répond l'artiste.

— Ah ! c'est pour se battre ?

— Il y a très longtemps oui mais maintenant c'est pour décorer.

Sur le haut de la massue, une tête est reproduite symétriquement de chaque côté. Le sculpteur lui montre comment la massue était utilisée.

— Il est possible de taper avec la tête de la massue sur son adversaire, explique le sculpteur !

Mathis écarquille les yeux. Il sourit et comprend maintenant mieux l'utilité de l'objet. Il a sept ans et les histoires de bataille lui plaisent.

J'échange à mon tour avec le sculpteur. Auparavant, il travaillait le coprah mais depuis une dizaine d'années son mal de dos l'a obligé à changer d'activité. Pour obtenir le coprah, il faut récolter les noix de coco, les ouvrir pour retirer la chair blanche qui est ensuite séchée au soleil. Le coprah est ensuite mis en sac pour être acheminé à l'huilerie de Tahiti et pour fabriquer essentiellement du monoï.

Maintenant qu'il est sculpteur sur bois, il adore son travail et son cadre de vie. Il sculpte torse nu face à la montagne. Il a construit un établi en bois qu'il a recouvert avec un sac en toile de jute identique à ceux utilisés pour ramasser les noix de coco. Il s'est fabriqué également un socle pour ranger ses ciseaux à bois.

Le casse-tête qu'il taille est impressionnant. La pièce de bois mesure presque 1 mètre 50 et elle est travaillée de manière très fine et précise sur presque la totalité de la surface. Les motifs sont dessinés au crayon à papier puis sculptés. L'artiste a un réel talent. Je suis admiratif de son art mais aussi de sa gentillesse et de sa disponibilité.

Nos enfants trépignent. Comme souvent, après une dizaine de minutes, ils ont besoin d'une nouvelle activité. Nous décidons de laisser le sculpteur à son travail.

Avant de partir, il nous offre quelques mandarines. Elles sont juteuses. Nous les mangeons toutes avant de remonter en voiture. Les enfants me demandent s'ils peuvent continuer le trajet en se mettant dans la benne arrière du 4x4. Je refuse mais nous prenons néanmoins une photo des enfants qui ont déjà grimpé à l'arrière du véhicule. On se rince les mains et chacun reprend sa place. Nous continuons notre route.

Cette rencontre est réellement sympathique. Cet homme inconnu nous fait partager sa passion et donne envie de s'intéresser à son art. Nous sommes à peine partis et j'ai déjà envie de le revoir.

J'ai l'impression que je ne me suis pas arrêté ici par hasard. C'est comme s'il y avait quelque chose à découvrir à cet endroit ou avec ce sculpteur.

Un peu plus loin, nous passons un col avec une vue splendide sur la baie de Hatihe'u. En descendant, nous découvrons dans le village une église en pierre avec deux clochers rouges. Je m'arrête pour que Céline puisse prendre une photo. Les montagnes en arrière-plan de l'église sont impressionnantes. La couleur rouge et blanche des deux clochers, le gris des pierres de l'église, les variantes vertes de la végétation sont réellement un régal pour les yeux.

Nous avons une deuxième carte postale !

Quelques minutes plus tard, nous arrivons au départ de notre randonnée qui se trouve après le village de Hatihe'u et qui rejoint la baie de Anaho. Nous avions prévu de faire cette randonnée car elle n'est pas très longue et nous permet de faire la découverte de la baie. Je me gare et nous démarrons notre promenade.

Ça grimpe ! Tout le monde râle.

Le premier quart d'heure est le plus difficile car il faut que les jambes se mettent en action. J'aime marcher mais je dois avouer que ce n'est pas une réelle passion pour l'ensemble de la famille. Céline et les enfants me suivent mais je sais qu'il ne faut pas abuser des longues distances.

L'arrivée au sommet se fait après une grosse demi-heure de marche. Les sourires apparaissent à nouveau sur nos visages. La descente est plus simple même si c'est un peu raide. Pour éviter les chutes, Céline tient la main de Lily-Rose. Je tiens celle de Mathis.

Nous nous arrêtons à plusieurs reprises pour contempler la vue sur la baie. Le sentier traverse une forêt. Il est fréquenté uniquement par les hommes et les chevaux. La baie d'Anaho est donc accessible uniquement à pied, à cheval ou par bateau.

Quelques voiliers sont au mouillage. On ne croise personne. Nous dévorons le pique-nique et terminons nos gourdes… Je propose de continuer la randonnée pour rejoindre la plage de Haatuatua. Cela ne me semble plus très loin, de l'autre côté d'un petit col. J'ai un refus catégorique de toute la famille. Il fait trop chaud ! Personne ne semble avoir envie de prolonger la marche. Cette plage nous avait été décrite par notre voisin à Moorea comme une de ses plages préférées. Elle est loin de la civilisation et a priori une pure merveille pour les yeux. Je suis un peu déçu mais je me range à la décision familiale.

Après le repas, nous décidons néanmoins de nous promener le long de la baie. Il y a énormément de cocotiers qui nous permettent d'évoluer à l'ombre le long d'un petit chemin de terre et de sable. Mathis et moi partons en éclaireurs. Lily-Rose et Céline prennent le temps de cueillir des fleurs pour se les fixer à l'oreille. Elles se prennent même en photo. Après quelques minutes de marche, la décision est prise avec Mathis d'aller nous baigner.

Finalement, les filles nous rejoignent et nous y allons tous ensemble !

Il fait chaud. L'eau de la baie est chaude également en surface. Il y a un léger courant au niveau des pieds avec de l'eau plus fraîche. Le niveau de l'eau nous arrive jusqu'à la taille sur plusieurs dizaines de mètres. Nous sommes seuls à nous baigner dans la baie qui ressemble à un lagon. Le sable est blanc. Il y a peu de vagues. C'est agréable.

J'ai le sentiment de vivre un moment privilégié. L'endroit est si beau, si naturel, si peu fréquenté qu'il est impossible de ne pas l'apprécier. La baie n'a pas dû voir beaucoup de monde.

Après notre baignade, nous croisons un couple de navigateurs qui remplit quelques bouteilles d'eau à un robinet installé près du chemin emprunté un peu plus tôt. J'échange quelques mots avec eux.

Le couple vient passer les réveillons de fin d'année dans la cette baie sur leur voilier. Ils sont italiens et parlent très bien français. L'homme me confirme que l'eau est potable. J'adore son accent qui chante. Ça me rappelle la Méditerranée. C'est à Marseille que nous vivions avant de venir en Polynésie. C'est la période des fêtes de Noël et pour l'instant la famille ne manque pas trop aux enfants. Pour nous, la période des fêtes de fin d'année est toujours un moment de partage en famille, avec les cousins. Nous serons loin d'eux cette année. Comment vont-ils vivre cela ? Nous verrons à notre retour à Moorea.

Après avoir rempli nos gourdes, Céline et moi regardons les voiliers. Nous évoquons l'idée de passer quelques jours sur un bateau. Cela me tente mais j'ai quand même quelques doutes. La vie en mer a quelque chose d'intrigant pour moi. L'espace de vie est petit et le risque de mal de mer bien présent. Mais en contrepartie, il y a ce sentiment de liberté de pouvoir se déplacer librement et de vivre sur l'eau. Ce projet n'est pas encore pour tout de suite mais l'idée fait son chemin.

En direction du retour, nous repérons quelques chevaux attachés à l'ombre des cocotiers. Ils sont calmes. Nous croisons également une dame qui semble vivre dans un cabanon sur la baie. Lily-Rose court et s'approche de la femme en lui tendant deux pièces de 100 francs pacifiques. Elle veut lui acheter une orange qui est en vente sur une table avec d'autres fruits.

Je ne sais pas vraiment où elle a récupéré ces pièces. Elle a dû les trouver sur le chemin de l'aller. De loin, j'observe que la dame refuse de prendre l'argent et lui offre l'orange.

Je m'approche et entame une discussion :

— Merci pour l'orange. Combien vous dois-je ?

— Rien du tout, je l'offre à la petite, répond la dame.

— Merci beaucoup. Vous vivez ici, dans la baie ?

— Oui. Je passe plusieurs nuits par semaine dans mon cabanon pour éviter les allers-retours avec le village. Je m'occupe des bananes, continue-t-elle en me montrant les bananiers qui se trouvent derrière son cabanon.

— C'est impressionnant, il y en a des centaines ! Que faites-vous de toutes ces bananes ?

Elle nous invite à la suivre un peu plus loin et nous montre son installation pour faire sécher les bananes au soleil. Elle a construit une table avec des plateaux pour poser les fruits. Elle y a ajouté par-dessus un cadre en bois. Celui-ci est recouvert d'une moustiquaire pour empêcher les mouches et autres bestioles de s'approcher des fruits. Elle peut facilement lever le cadre pour retourner les bananes régulièrement afin qu'elles dorent au soleil plusieurs jours. Ces bananes séchées sont destinées à la vente. Elle nous les fait goûter. « C'est trop bon ! » comme disent les enfants.

Cette dame est gentille. Elle vit simplement et n'hésite pas à partager son temps mais aussi le fruit de son travail. Elle est généreuse. Si je n'avais pas oublié le porte-monnaie dans la voiture, je lui aurais acheté de nombreuses bananes séchées. Nous la remercions et nous démarrons notre remontée pour effectuer le trajet en sens inverse.

Le retour est beaucoup plus simple que l'aller. Nous avons passé d'agréables moments dans cette baie. L'effort physique pour effectuer la remontée est indolore tant je suis distrait par mes pensées sur les différentes personnes que nous avons eu la chance de rencontrer. Notre randonnée se termine.

Nous récupérons notre voiture assez vite car nous ne sommes pas seuls ! Les moustiques ont pris possession des lieux. Nous nous dépêchons de monter en voiture.

Nous roulons et nous repassons devant la baie de Hatihe'u. Je demande à une jeune fille qui marche le long de la route, à quel endroit il est possible de monter à cheval. Cette idée nous trotte dans la tête depuis que nous sommes arrivés à Nuku Hiva et les chevaux croisés dans la baie ont remis cette envie sur le haut de la pile. Elle nous dit de demander à l'homme qui se baigne dans l'océan un peu plus loin. J'avance la voiture de quelques dizaines de mètres et me stationne.

Céline descend de la voiture et s'avance vers la plage. Elle interpelle le jeune homme qui s'approche vers elle pour discuter. Il s'arrête jusqu'à ce que l'eau soit à hauteur de ses genoux. Il est tatoué sur la moitié du visage. Il a la tête rasée. Les muscles de ses bras et de ses épaules sont saillants. L'homme est vraiment impressionnant en raison des tatouages sur son visage. Il informe Céline qu'il a effectivement des chevaux mais que nos enfants sont trop jeunes pour pouvoir les monter. Ses chevaux sont trop nerveux. Ce ne sera pas pour cette fois-ci.

Sur le chemin du retour, je passe devant l'endroit où nous avions croisé le sculpteur plus tôt dans la matinée. Je ralentis mais il n'est plus présent. Le cabanon semble fermé. Je continue sans m'arrêter.

De retour à Taiohae, je ramène la voiture de location chez le loueur et une femme me raccompagne chez Debora. Elle porte les cheveux très longs jusqu'à la taille comme si elle ne les avait jamais coupés. Beaucoup de femmes portent les cheveux longs en Polynésie.

J'ai appris plus tard par une amie marquisienne que les femmes portent les cheveux longs comme une parure. Cela fait partie de la beauté féminine. Autrefois, elles pouvaient aussi dissimuler leurs seins nus derrière leurs cheveux, par pudeur. Aujourd'hui, cela reste un signe de beauté qui montre que la femme prend soin d'elle. Il est nécessaire d'avoir une sacrée patience pour s'occuper d'une telle longueur de cheveux !

Nous échangeons quelques mots et elle m'informe qu'après-demain un concours de danse est organisé sur le front de mer et qu'il faut absolument venir assister au spectacle. Les femmes peuvent participer au concours. Je lui promets d'en parler à Céline qui s'est mise à la danse tahitienne, le Ori Tahiti, depuis quelques mois. Ça pourrait l'intéresser.

Nous dînons chez Debora qui nous raconte des histoires passionnantes sur les Marquises.

À la fin des années 1970, les Marquisiens ont retrouvé une identité forte. En 1977, le gouvernement polynésien souhaitait en effet imposer la langue tahitienne à l'école dans toutes les îles de Polynésie française. Cela a provoqué une prise de conscience et l'association culturelle ***Motu Haka*** est créée en 1978 à Ua Pou à l'initiative de trois instituteurs. Motu Haka, qui signifie « le rassemblement », a pour objectif de promouvoir et de préserver les traditions menacées de disparition ainsi que la langue marquisienne au sein du système scolaire. L'ambition est de rassembler les éléments de la culture marquisienne pour redonner la connaissance et la fierté de cette culture aux Marquisiens.

Le travail a alors été de demander auprès des anciens de leur raconter les légendes, de leur montrer les danses, de leur faire écouter les sons. L'expression orale est essentielle aux Marquises et cela a permis de collecter les informations et ainsi de retrouver une âme en partie grâce à la danse. On parle aujourd'hui de cette période comme le « réveil identitaire Marquisien ».

J'ai découvert par la suite que des personnalités ont également œuvré dans cette association. C'est le cas de Lucien et Debora Kimitete, notre hôte, et aussi de l'évêque des Marquises, Mgr Hervé Le Clea'ch ainsi que de Georges Toti Teikiehuupoko, Ben Teikitutoua et Etienne Hakaupoko membres fondateurs de la fédération culturelle Motu Haka.

La culture marquisienne est aujourd'hui une source de fierté. À l'occasion du festival des arts des îles Marquises, le ***Matavaa***, c'est le moment où les habitants de toutes les îles se réunissent pour un moment de communion et de célébration sur les arts des différentes îles.

En 1987, le premier festival des arts des îles Marquises a eu lieu sur l'île de Ua Pou. En juin 1989, le festival a lieu cette fois-ci à Nuku Hiva. À cette occasion, la danse de l'oiseau « Te hakamanu » est réinventée alors qu'elle avait été oubliée depuis plus d'un siècle.

Debora nous raconte aussi un peu de son histoire personnelle. Elle nous donne des renseignements sur Lucien Kimitete, son mari disparu en 2002 lors d'une catastrophe aérienne qui n'a laissé aucun corps pour faire le deuil. L'enquête sur les circonstances du crash est close depuis 2011.

Son mari était le maire de Nuku Hiva et une des figures emblématiques qui a participé au réveil identitaire Marquisien. Il était chorégraphe et aussi un leader politique engagé, membre du ***Fetia Api***, parti autonomiste d'opposition qui constituait une troisième voie entre le parti de Gaston Flosse et celui d'Oscar Temaru.

Elle nous parle aussi d'elle, de ses origines et également de son ancien métier qui lui a permis de mettre en place un plan d'urbanisme dans chaque île de l'archipel. Grâce à celui-ci, elle a voyagé et sillonné toutes les îles des Marquises. Elle nous raconte quelques anecdotes de voyages effectués parfois dans des conditions météorologiques très compliquées.

Elle évoque aussi son devoir de continuité du travail initié par son mari. Nous passons une soirée très agréable, riche en échanges et en découvertes.

Le lendemain, je suis debout tôt une nouvelle fois. Je profite de la terrasse et de la vue sur la baie. J'aperçois un homme qui passe à dos de cheval et qui va travailler un peu plus haut. Le cheval monte la côte sans aucun problème. On croirait regarder une scène de film du siècle dernier tant cette image semble décalée avec la vie d'aujourd'hui. Aller travailler à dos de cheval ! Ça semble irréel et pourtant c'est là devant mes yeux.

Cela me fait penser aux histoires de mon grand-père qui s'était opposé aux soldats allemands qui voulaient réquisitionner son cheval pendant la Seconde Guerre mondiale. Mon grand-père était un homme courageux avec du caractère. Il adorait nous raconter cette histoire et ma grand-mère le regardait avec un sourire admiratif. Elle était amusée quand il ajoutait des anecdotes et je ressentais beaucoup de tendresse entre mes deux grands-parents.

C'est incroyable comme les îles Marquises sont préservées. Elles sont comme restées à l'abri du temps qui passe. Les Marquisiens sont pourtant bien connectés au monde et l'accès à internet n'est pas du tout compliqué. Les déplacements en voiture, en bateau, en avion sont tous possibles et semblent accessibles.

Les Marquises semblent moins touchées par la société de consommation. L'éloignement et l'accès plus difficile à certaines denrées et certaines matières permettent en fait de vivre plus simplement. Il existe aussi cette relation aux autres, l'entraide, le partage qui permet de préserver des échanges sincères entre les personnes.

Je me dis que les îles Marquises sont peut-être un modèle pour notre manière de vivre de demain. Dans notre civilisation occidentale, il faudra certainement vivre avec des produits locaux et vivre davantage dans le partage, en relation plus directe avec les autres.

Il faut que je pense à demander à Aniata, la fille de Debora, comment elle vit cela et comment elle se projette dans l'avenir.

Chapitre 4
Les personnes qui partagent

Le monde du partage devra remplacer le partage du monde.

Claude Lelouch

Aniata arrive justement pour nous récupérer et débuter notre journée de découvertes.

Cette fois-ci, nous avons un guide, ou plutôt une guide, pour nous faire découvrir les vallées de Nuku Hiva. Aniata nous emmène pour nous donner des indications sur la végétation, les vallées, mais aussi pour nous raconter l'histoire des Marquisiens. Cela devrait nous aider à trouver des réponses aux questions que les nouveaux touristes que nous sommes se posent. Celine monte à l'avant. Je reste à l'arrière du 4x4 avec les enfants pour le trajet. Ils sont excités de faire la route en plein air sur les bancs fixés à l'arrière du véhicule. Pelekai, la fille d'Aniata, nous accompagne également. Nos enfants sont très contents de faire l'excursion et de partager la journée avec leur nouvelle copine.

Nous nous arrêtons à un premier point de vue, puis un deuxième. Aniata nous donne les informations au fur et à mesure sur les arbres et la nature environnante. Elle est calme, patiente. Nous prenons le temps et nous nous laissons mener. Elle organise le programme des visites de la journée.

Nous nous arrêtons au centre artisanal de Taipivai.

Nous y découvrons une grande variété d'objets et de bijoux et nous admirons en particulier les différents tikis. Ces statues, qui représentent le plus souvent un homme, sont sculptées dans du bois ou dans la pierre. Notre regard s'arrête sur un tiki en bois d'environ quarante centimètres. Il a les yeux très grands et ronds et les lèvres charnues. Les yeux des tikis marquisiens sont toujours très grands. Certains évoquent les Marquises comme une civilisation du regard. Et c'est vrai que depuis que nous sommes arrivés, mon regard sur les choses paraît différent.

Le tiki que nous observons en détail est sculpté sur les bras, les cuisses, les fesses, les mollets. Il a une croix marquisienne sur le ventre et une sorte de quadrillage sur le front comme des motifs tressés. Le tiki a les deux mains proches du nombril et les jambes fléchies comme s'il était prêt à bondir, à nous sauter dans les bras.

Avec les vendeuses présentes, nous discutons aussi des différentes pièces qui sont en vente. Il y a des *Tano* et des *Kipo* qui sont des plats en bois de différentes formes. Il y a aussi des bijoux en os, des colliers et bracelets réalisés avec des graines.

Notre choix se porte finalement sur le tiki comme souvenir des Marquises. Avant notre départ, Céline avait déjà une préférence pour ce type d'objet. Elle le porte dans les bras comme un bébé. On s'en amuse.

— Il faut lui donner un prénom ! s'exclame une vendeuse.

— C'est vrai qu'avec le tiki dans les bras, tu sembles porter un bébé, j'ajoute à Céline.

— Oui, donnons-lui un prénom, accepte Céline avec un grand sourire.

Tout en continuant nos échanges avec les vendeuses, nous décidons de le nommer « Tiki Vaii-Nui » en hommage à la vallée « Vai » et « Nui » parce qu'il est grand. La vendeuse nous le note sur un morceau de papier pour ne pas l'oublier.

Au moment de payer, il nous manque 5000 francs pour atteindre le montant des 35 000 francs pacifiques demandés. Aniata nous propose gentiment de nous avancer la somme. Il faudra qu'on pense à retirer de l'argent au seul guichet automatique de Nuku Hiva qui est situé à Taiohae !

En quittant le centre artisanal, les femmes offrent aux enfants des colliers réalisés avec des graines de couleurs noires, blanches, rouges et marron. Ces bijoux sont une des spécialités des îles Marquises. Je n'avais encore jamais vu ce type de colliers auparavant. Les vendeuses sont gentilles, souriantes et les enfants sont ravis. Ce moment de partage est sincère. Notre journée de visites commence très bien.

Aniata reprend la conduite du véhicule et nous emmène vers la plage de Hooumi. Le chemin pour y arriver permet de croiser quelques habitations mais surtout des manguiers. Le véhicule longe la baie où la végétation est très développée. La plage de sable est très belle. Il n'y a personne et l'endroit est très calme. C'est incroyable de se retrouver dans un lieu aussi beau et si peu fréquenté. Nous nous abritons un moment à l'ombre d'un arbre pour discuter.

Elle nous raconte l'histoire de Herman Melville, cet écrivain qui essayait de fuir le bateau de pêche sur lequel il avait embarqué depuis plusieurs mois avec son camarade Tobi. Il a été accueilli dans la vallée de Taipivai par le clan des *Taïpis* alors qu'ils les prenaient pour des cannibales. C'était en 1842. Herman Melville est plus connu pour être aussi l'auteur de *Moby Dick.*

Nous quittons la plage en remontant la vallée.

Quelques centaines de mètres plus loin, nous retrouvons le sculpteur sur bois rencontré la veille devant son atelier. Cette fois, je demande à Aniata de nous arrêter. Je m'approche et je demande à l'homme s'il peut graver le nom de notre Tiki sur le dessous du pied. Il accepte volontiers.

Il retourne notre pièce en bois. Le pied gauche est percé d'un trou qui doit permettre de fixer le tiki pour assurer sa stabilité. Il choisit donc de poncer le dessous du pied droit, écrit le prénom au crayon et grave le bois. L'opération dure quelques minutes à peine. Il est appliqué et précis. Il est maintenant impossible pour nous d'oublier le prénom de notre tiki grâce à cet homme !

Pendant ce temps, les enfants jouent avec un petit chaton qui se promène dans le jardin et qui se cache dans les herbes hautes. Je laisse l'homme effectuer le travail et m'assure que les enfants ne prennent pas trop de risques dans le jardin. L'endroit est vraiment beau et apaisant. Je comprends pourquoi l'artisan a choisi cet endroit inspirant. Finalement, je remercie le sculpteur et lui tends un billet pour le dédommager du travail effectué mais il refuse de l'accepter et il me dit :

— Cela me fait plaisir de vous aider. Faites bonne route.

— Merci beaucoup pour votre générosité et bravo pour votre travail. Au plaisir de vous revoir.

— Merci et pensez à bien fixer le tiki grâce au trou du pied gauche ! ajoute-t-il.

Nous prenons congé et remontons en voiture pour continuer nos découvertes.

Aniata me demande comment j'ai connu le sculpteur. Je lui explique que nous avions fait connaissance lors de notre passage la veille. Je lui demande si elle le connaît. En posant la question, j'ai déjà la réponse. L'île n'est pas très peuplée et évidemment tout le monde se connaît ! Elle me répond par l'affirmative et m'explique qu'il y a plusieurs années, il était un des meilleurs orateurs de Nuku Hiva. C'est lui qui racontait les légendes et les histoires des ancêtres.

Un jour, il a subitement arrêté de parler pour se concentrer sur la gravure des objets en bois. Depuis ce jour, il ne raconte plus d'histoires et malheureusement aucune légende n'a été écrite.

Nous arrivons à un col. Aniata arrête le véhicule pour nous faire admirer la vue dominante. Elle nous explique que les ancêtres poussaient un cri en entrant dans la vallée pour prévenir de leur arrivée. Je comprends que l'entrée dans la vallée avec cette annonce signifie que l'arrivée ne sera pas guerrière et donc ce sera une venue « en paix ».

Elle nous propose de pousser un cri tous ensemble. Nous associons les enfants à ce défouloir. Tout le monde crie en même temps. C'est amusant, il n'y a pas d'écho. Je me sens libéré de quelque chose. Les enfants en profitent pour faire des sauts du haut d'un tronc qui a été coupé. Pour eux, le cri a été une autorisation pour se défouler et ils en profitent pour gesticuler dans tous les sens.

Nous continuons notre chemin en voiture pour arriver sur un ***me'ae***, un site archéologique en forêt qui date de plusieurs centaines d'années et qui se nomme ***Kamuihei***. La veille, nous étions passés devant ce site et nous avions remarqué un banian, un arbre gigantesque, ainsi que des pierres empilées les unes sur les autres. Nous ne nous étions pas arrêtés car il fallait faire notre randonnée pour la baie d'Anaho et surtout l'endroit nous semblait humide et donc avec l'option piqûres de moustique garantie.

Nous nous stationnons sur le parking et nous nous pulvérisons le répulsif anti-moustique adéquat avant de démarrer notre visite. Les enfants courent de l'avant. Au début, l'endroit est très étrange. Nous sommes dans une forêt humide avec quelques rayons de soleil qui traversent les feuillages. Les arbres sont des monuments. Celui aperçu depuis la route est très imposant. Il domine complètement le lieu avec plus de cinquante mètres de hauteur et autant de circonférence ! il aurait plusieurs centaines d'années.

Le banian était autrefois un marqueur cultuel et social. En effet, les lieux qu'il occupait ne devaient pas être fréquentés par un trop grand nombre de personnes. L'ombre de l'arbre était sacrée et seuls quelques élus étaient autorisés à se réunir sous son couvert. Dans certains cas, des sépultures pouvaient se trouver au pied de l'arbre. D'après les témoignages des anciens, l'âme des défunts transitait par les racines adventives du banian.

Nous faisons attention où nous posons les pieds pour éviter de glisser. Après quelques dizaines de mètres, nous arrivons sur un espace très dégagé, une sorte de grande clairière entourée de grosses pierres empilées les unes sur les autres. Une reconstitution de maison est présente sur ce site archéologique. Aniata partage avec nous la composition de ce lieu sacré. À l'époque, il y avait trois endroits distincts :

• Le ***Tohua***, espace pavé où avaient lieu les fêtes, les danses et les cérémonies. Cet espace rectangulaire était une place publique avec des gradins en pierre sur les côtés

• Le ***Paepae***, aire dallée de blocs rocheux qui servait de fondation à des structures en bois pour les anciennes habitations marquisiennes

• Le ***Me'ae***, espace sacré où les prêtres exerçaient des rituels et où se déroulaient les offrandes et les sacrifices.

Je remarque aussi une sculpture en pierre sur le Tohua. Ce tiki représente un petit homme avec de très grands yeux et une grande bouche. Je distingue également très bien ses mains posées sur son ventre. La pierre est ancienne. Il y a quelques taches blanches et des traces de mousse verte sur un des côtés. Ce tiki est présent comme pour surveiller mais aussi pour animer le lieu, lui donner vie.

Nous avons aussi la chance d'observer un couple d'oiseaux. Ils ressemblent à de gros pigeons et font partie d'une espèce protégée. C'est un Upe, un oiseau endémique de Nuku Hiva, qui est aussi appelé aussi « carpophage des Marquises ».

Plus loin, Aniata nous montre également des pétroglyphes, des gravures taillées sur d'énormes pierres rocheuses. Je distingue une tortue sur une pierre de plus de deux mètres de hauteur. Tout cela semble avoir vu les années passer sans trop de dégâts. Un travail important de restauration a été entrepris il y plusieurs années par des archéologues afin de préserver ce patrimoine.

En continuant notre chemin, nous découvrons également un trou creusé dans la terre qui servait peut-être de prison en vue d'un sacrifice. Aniata laisse libre cours à notre imagination pour nous projeter à une époque lointaine, rythmée par les tribus et où la nature était reine.

En plus du grand banian, nous observons de très grands ***mape***, les châtaigniers tahitiens, de plusieurs dizaines de mètres de hauteur. Leur nom signifie « eau douce » car ils poussent à proximité des rivières. Ils servaient aussi de moyens de communication pour transmettre des sons en tapant avec une pierre les contreforts du tronc. Le son produit résonnait et faisait écho dans la vallée. Nous passons plus d'une heure sur le site. Les informations de notre guide sont passionnantes. 90 % du site archéologique serait encore caché dans la forêt. J'imagine les secrets qu'il reste encore à découvrir !

Après avoir parcouru quelques kilomètres, nous déjeunons chez « Mama Yvonne » à Hatihe'u. Il y a une très grande salle de restaurant ouverte sur l'extérieur et à proximité d'un magasin d'alimentation. L'endroit est connu et réputé pour ses plats copieux et très bons mais aussi pour son accueil.

Aniata va embrasser la mamie qui depuis sa chaise supervise les opérations de la salle de restaurant. Elle nous confie qu'elle est un peu comme sa grand-mère. J'ai découvert par la suite qu'Yvonne Katupa a été la mairesse de Hatihe'u et qu'elle a également participé activement au réveil identitaire Marquisien et à la conservation du patrimoine des îles Marquises. Nous nous asseyons à une table avec des places disponibles et nous passons commande. Les enfants prennent un assortiment de beignets, je choisis la chèvre au lait de coco pour Céline qui s'est absentée et je teste le cochon avec les beignets de *Mei* que l'on nomme *Uru* en tahitien et *fruit de l'arbre à pain* en Français.

Pour moi, c'est un délice. Pour Céline, goûter la chèvre au lait de coco est une première ! Elle a finalement plutôt bien accueilli le plat malgré les réticences et les grimaces au début…

Une discussion sur les tatouages démarre. Aniata en a un sur la main. Je demande à Aniata quelle est la signification de son tatouage. Elle nous explique que le tatouage Marquisien raconte les évènements de la vie. Elle a fait le sien après avoir vécu un moment difficile pour elle et ce tatouage l'aide à lui rappeler ce qui est important.

Elle regarde autour d'elle si d'autres personnes tatouées sont présentes pour argumenter ses explications. Un jeune homme tatoué est présent à une autre table mais vraisemblablement son tatouage n'est pas Marquisien.

Elle continue. Le tatouage était interdit pour les générations précédentes car les missionnaires considéraient cet art comme barbare. Elle nous explique qu'il est donc très rare de rencontrer des anciens qui sont tatoués. Aujourd'hui, les jeunes se tatouent à nouveau et se réapproprient leur culture par cet acte.

J'ai lu dans un ouvrage que c'est en partie grâce à Karl Von den Steinen, un médecin et ethnologue allemand, que le tatouage Marquisien avait pu être conservé. Lors de son expédition en 1897-1898, il a pris des notes et réalisé des croquis de tatouages. Grâce à ces croquis, les Marquisiens ont pu se réapproprier cet art disparu pendant plus d'un siècle.

Les tatouages attirent l'œil, attirent l'attention de l'autre. Ils racontent une histoire. Ils racontent l'histoire de la personne qui les porte. Les tatouages marquisiens sont réalisés afin de montrer les étapes importantes de la vie. Auparavant, ils exprimaient une identité, une personnalité. Ils indiquaient le rang social. Ils étaient une preuve de maturité qui montrait la capacité des individus, tout ceci en lien avec la séduction et le mariage. Les hommes pouvaient être tatoués sur tout le corps. Les femmes portaient les tatouages comme des parures sur les mains, les pieds, les lèvres.

Avant d'arriver en Polynésie, Céline et moi avions l'intention ou tout au moins le projet de nous faire tatouer. Depuis quelques semaines maintenant, cette envie s'est estompée pour moi. J'adore admirer les tatouages sur les autres mais je ne ressens pas le besoin de marquer ma propre peau. Par contre, l'envie du tatouage s'est développée pour Céline. Elle a hésité longtemps entre deux endroits : le bracelet au niveau de l'avant-bras ou un tatouage sur le pied qui remonte jusqu'à la cheville. Le pied semble prendre le dessus. Elle réfléchit aussi à la signification qu'elle souhaite mettre en avant. Pour l'instant, rien n'est fait mais le projet progresse petit à petit.

Je regarde les personnes dans la salle du restaurant car il m'a semblé reconnaître un visage familier. Je croise à nouveau le regard d'un homme qui est attablé avec un groupe de touriste. C'est le danseur de la veille, celui qui m'a fait voyager quelques siècles plus tôt lors du haka. Je l'avais à peine reconnu car il est habillé « normalement » et semble accompagner quelques touristes pour leur excursion. Je crois que c'est le collier avec les dents de cochon qu'il porte qui m'a fait me souvenir de qui il était. L'homme m'a regardé fixement comme s'il me reconnaissait ou comme s'il avait quelque chose à me partager. Il continue sa discussion avec son groupe de touristes et détourne son regard. Je dois me tromper.

À la fin du repas, Aniata commence à débarrasser la table et récupère les restes des assiettes pour les rassembler dans une seule. Elle nous demande de la suivre. Personnellement, je ne sais pas du tout ce qu'elle nous prépare. Nous nous levons et la suivons.

Nous allons rejoindre les enfants qui jouent au fond de la terrasse. Ils ont découvert sept ou huit chiots dans l'arrière-cour. La relation entre les Polynésiens et les chiens est très particulière. Il y a des chiens partout ! Ils sont de vrais compagnons et aussi des gardiens très efficaces. Malheureusement, sur certaines îles, des chiens errants peuvent être dangereux quand ils se retrouvent en meute. Les chiots trouvés par les enfants sont très joueurs.

Nous nous rassemblons et nous approchons d'un cours d'eau douce. Aniata est accroupie sur une pierre et commence à jeter à l'eau quelques morceaux de nos restes du déjeuner. Il ne se passe rien pendant quelques secondes.

Puis, dans l'eau, une anguille sort du dessous d'une roche située à quelques mètres d'Aniata. Elle remonte le cours d'eau en ondulant. Elle est noire, longue et mesure plus d'un mètre. Les enfants s'agitent au bord de cette petite rivière en observant le poisson. Une deuxième anguille arrive et remonte à contre-courant comme la première. Elles se déplacent pour remonter jusqu'à la nourriture. Les enfants lancent quelques cris de joie. Puis une troisième, plus petite cette fois-ci, finit par arriver. Elles sont aussi impressionnantes que les anguilles sacrées aux yeux bleus de Huahine. J'y ai appris que la présence des anguilles dans les cours d'eau est le signe d'une bonne qualité de l'eau.

Trois autres touristes nous ont rejoints au bord du cours d'eau accompagnés par leur guide au collier de dents de cochon. Tout le monde observe avec attention le spectacle. L'assiette est terminée. Les anguilles se retirent dans leurs cachettes. Les enfants restent au bord de l'eau le temps de régler l'addition.

Le guide Marquisien n'aura finalement pas eu l'occasion de m'aborder pour entamer la discussion. C'est peut-être moi qui imagine des choses. Nous sortons du restaurant et repartons en voiture en direction de Aakapa.

Nous quittons le village par une route très praticable mais plus pour très longtemps. Le véhicule grimpe une route sinueuse. Nous sommes maintenant sur une seule voie. On aperçoit les pics de falaise et des crêtes vertigineuses. Aniata nous arrête et nous fait observer une statue de la vierge sur une aiguille basaltique. En 1872, un missionnaire s'était investi d'une mission spéciale : il a escaladé à plusieurs reprises ces falaises pour façonner et mettre en place cette statue de la vierge. Nous distinguons difficilement la statue car elle est située très haut à plusieurs centaines de mètres. Nous continuons sur une route qui est plutôt une piste en pierre. Je me rends bien compte des conditions de déplacement difficiles avant que les routes soient goudronnées.

En chemin, nous croisons des chèvres qui se baladent sur les pentes rocheuses. Elles sont nombreuses. Nous nous arrêtons et descendons de voiture pour les observer. Les enfants cherchent à les appeler. Elles sont de différentes couleurs mais à dominante blanche. Elles se retirent en raison de l'agitation. Céline réussit néanmoins à prendre quelques photos.

Non loin de l'endroit où nous sommes, il y a une gigantesque antenne parabolique installée là pour observer les satellites dans un ciel non pollué par les lumières terrestres. Aniata nous explique que c'est une antenne ukrainienne qui ne fonctionne plus. Elle s'amuse à raconter cette histoire aux visiteurs américains qui sont surpris et parfois choqués d'apprendre qu'une antenne ukrainienne était présente à cet endroit.

Nous continuons jusqu'en haut d'un col. Un panneau indique le village d'Aakapa. Nous admirons la vue sur l'océan, la montagne et nous apercevons le village en bas de la vallée avec sa plage de sable noir. Il n'y a qu'une seule piste pour aller au village. La route traverse la vallée et remonte en direction de la terre déserte, où se trouve l'aéroport. Nous prenons un selfie tous ensemble avec les pics montagneux en arrière-plan et le panneau du village. La décision est prise de faire demi-tour car la route n'est pas très confortable et qu'il nous reste encore plus d'une heure de voyage pour le retour.

Lors du trajet, Céline discute avec Aniata du spectacle de danse tahitienne dont je lui ai parlé la veille. Céline est partante pour le spectacle. Aniata a prévu d'y participer également.

Arrivés à Taiohae, nous nous arrêtons au guichet pour retirer de l'argent. Malheureusement, le guichet est en panne depuis deux jours. Sans espèces, nous nous rendons compte que notre voyage risque de se compliquer un peu…

Le soir, nous partageons le dîner avec Nelly, Jean-Paul et leurs deux fils à une table d'un bon restaurant. La soirée est festive pour les enfants car ils se connaissent et s'apprécient. Un petit chaton fera même l'animation de la soirée sous la table. Cette soirée est également agréable pour nous car nous apprécions partager de bons moments avec ce couple. Ils sont joyeux et nos échanges sont souvent amusants. Céline réussit sans difficulté à convaincre Nelly de participer au spectacle de danse avec elle.

Nous rentrons nous coucher sous un magnifique ciel étoilé. Les étoiles sont en nombre considérable. Il me semble qu'elles sont plus nombreuses dans ce ciel des Marquises que dans le ciel qu'on observe en France.

Les étoiles étaient utilisées comme repère pour les navigateurs. Chaque île en Polynésie est repérée par une étoile qui passe à son zénith selon les saisons et ce sont les étoiles qui atteignent le zénith qui servent ainsi de repère aux navigateurs. Avant un départ en bateau, il était impératif de connaître l'étoile zénithale de l'île d'arrivée comme de l'île de départ. De nuit, il fallait suivre le chemin d'étoiles et garder un angle entre le bateau et cette ligne imaginaire dans le ciel. Les vents dominants servaient également à se repérer. En journée, l'orientation se faisait aussi en fonction de la houle, du vent, des oiseaux.

Nous allons nous coucher avec des étoiles dans les yeux…

La vallée de Hakaui

Lily-Rose est fiévreuse en ce matin du 18 décembre et la nuit a été agitée avec plusieurs réveils. Notre randonnée prévue pour cette journée ne pourra vraisemblablement pas se faire à quatre. Celine valide assez vite que j'emmène Mathis en randonnée et qu'elle s'occupe de notre fille en restant sur place. Elle en profitera pour refaire un passage au guichet automatique pour retirer des espèces.

Nous prenons le petit déjeuner sur la terrasse avec les chants des oiseaux. Debora a préparé du pain perdu qui me régale. Cette recette est exceptionnelle pour moi car elle permet de transformer du pain dur, avant qu'il soit rassis, en mets délicieux tout en évitant le gaspillage. En dégustant le pain perdu, je suis nostalgique de mon enfance. Ma grand-mère nous préparait cette recette pour le goûter. Le pain perdu est moelleux, fondant et bien doré, un délice.

Nous partons pour être avant 8 h au port, notre point de rendez-vous. Une famille, avec deux garçons de 10 et 13 ans, fera la balade avec nous et nous emmène en voiture. En attendant le départ de notre bateau, Mathis et moi observons les pêcheurs qui sont rentrés tôt ce matin. Je nous prends en photo avec un poisson posé sur un étal qui semble être un bec de cane avec une énorme bouche. Il a surtout une tête plus grosse que la nôtre !

Notre bateau est prêt pour nous emmener visiter la vallée de Hakaui. Une personne nous demande de nous rassembler avant d'embarquer. En tout, nous serons dix à prendre place dans le bateau pour cette visite guidée.

Nous sommes tous à bord mais un des deux moteurs ne démarre pas. Le capitaine insiste plusieurs fois. Après quelques minutes, c'est parti ! Les deux moteurs ronronnent et notre bonitier quitte la baie pour une navigation d'une demi-heure. La traversée est assez confortable et rapide. Ce ne sera pas le cas au retour…

Arrivés sur la baie de Hakaui, le décor est vraiment très beau. La baie est calme, reposante. Le capitaine jette l'ancre et nous descendons du bateau dans quelques dizaines de centimètres d'eau. Nous sommes accueillis par Maria et Mai, son mari. Ils nous mettent à l'aise et nous donnent quelques informations historiques sur la vallée.

Mathis a sympathisé avec les deux garçons et il a déjà disparu. Je le cherche. Je rentre dans le cabanon de nos hôtes où se trouve un point d'eau pour se laver les mains. Il y a des drapeaux suspendus au plafond. Certains sont très vieux, en lambeaux. Beaucoup de nationalités sont représentées. Mai, qui m'a suivi, m'explique que les plaisanciers offrent leurs drapeaux de bateau quand ils leur rendent visite dans la baie. Ils en ont fait une décoration originale. Mathis n'est pas là. Je l'entends à l'extérieur qui s'amuse avec les garçons à jeter du bois sur un feu pour réveiller quelques braises.

Trois touristes ont passé la nuit ici avec Maria qui vient d'obtenir son agrément pour emmener des touristes en bivouac. Ce feu était certainement pour ces trois chanceux. Quelques instants plus tard, nous devons faire un choix de plat pour le déjeuner : chèvre au lait de coco ou thon grillé au barbecue. Ce sera le thon pour Mathis et moi. Je choisis aussi l'option « jus de fruits pressé » pour notre retour. Il y a beaucoup d'arbres fruitiers et même des citrons marquisiens. Nous en cueillons quelques-uns pour les ramener à Taiohae. La promenade démarre et les enfants partent en avant en éclaireurs. Les deux chiens de nos guides les accompagnent.

Le chemin est plat. En fait, il y a un léger dénivelé positif presque imperceptible. Le groupe emprunte un chemin de pierre qui est large de plus de trois mètres. Il est à l'ombre des arbres. Nous sommes sur la voie royale ! Il y a plusieurs centaines d'années, la vallée était occupée par un des villages principaux de Nuku Hiva où vivait une tribu. Ce chemin relie la montagne et l'océan. La végétation est très riche.

À plusieurs reprises, nous nous arrêtons pour partager des informations avec Mai et Maria sur la culture et sur l'histoire de la vallée. Quelques tikis, taillés dans la pierre, sont présents le long du chemin. Il y a aussi des endroits sacrés où l'on perçoit la particularité et l'importance du lieu.

Au sol, je ramasse du coton. C'est certainement la plante indigène, le *pulupulu*, qui a toujours existé même si d'autres variétés ont aussi été introduites. Jusqu'en 1885, cela pouvait représenter 40 % des exportations de la Polynésie. Son exploitation a totalement été abandonnée, tout comme celle du café depuis de nombreuses années.

La route monte un peu plus maintenant mais rien d'effrayant. Les garçons, qui sont toujours à l'avant en éclaireurs, nous attendent. Nous nous arrêtons pour ramasser des noix de bancoulier. Mai nous demande de les lancer contre un mur en pierre afin de les ouvrir. Après quelques tentatives, nous y arrivons tous. À l'intérieur, c'est une sorte d'amande très grasse. Il récupère les amandes et ensuite les enfile sur une nervure de feuille de palmier. Mai craque une allumette et l'approche de la dernière amande. Elle s'allume. Mai nous explique que quand il était enfant, il utilisait cette technique pour éclairer le chemin tard le soir. C'est une sorte de bougie naturelle. La suie était également utilisée pour l'encre de tatouage.

Sans réellement nous en rendre compte, nous sommes plus haut maintenant. Nous avons une vue sur la vallée et sur les falaises face à nous. Mai et Maria nous racontent l'histoire des trois sarcophages qui se trouvent dans une grotte inaccessible en haut de la falaise :

- Celui de la reine, qui est aussi ***Hakaiki***, la cheffe qui faisait autorité

- Celui du ***Toa***, le grand guerrier qui dirigeait les soldats

- Celui du ***Taua***, grand prêtre qui servait d'intermédiaire entre la tribu et les dieux.

Ces trois sarcophages en forme de pirogue étaient taillés dans le bois afin que les âmes soient amenées au paradis des Maoris, au Hawaiki. Ce paradis se trouve dans l'océan et non au ciel pour les Polynésiens. C'est un endroit mythique où les âmes retournent après leur mort. Les sarcophages sont inaccessibles car le chemin qui y mène a été détruit pour éviter le pillage des tombeaux. Si des ennemis avaient pris possession des reliques, le village aurait dû se soumettre à cette nouvelle autorité !

Comme personne n'a jamais pu vérifier cette histoire car l'accès aux tombeaux n'est pas possible, Mai nous assure qu'il a la preuve que cette histoire est bien réelle. Il y a deux ans, lors d'une visite de chercheurs, il a profité d'une vidéo d'un drone pour prendre une photo du creux de la falaise où reposent les sarcophages. Il nous montre la photo sur son téléphone. Effectivement, on distingue bien les trois tombeaux sur la photo. Un des tombeaux semble même ouvert !

On discute également de la cascade de Vaipo. Cette cascade n'est pas visible car son débit est trop faible aujourd'hui. Nous sommes en période sèche mais, selon Mai, les pins qui ont été plantés il y a plusieurs années contribuent à assécher les cours d'eau. En période de pluie, la cascade débuterait à plus de 350 mètres de hauteur.

Nous continuons notre randonnée jusqu'à un site archéologique au milieu de la végétation dense. Maria nous montre l'utilité d'un trou avec des pierres sur les parois. Il est profond d'environ deux mètres. On y conservait les fruits fermentés de l'arbre à pain afin de nourrir les familles quand les récoltes étaient moins abondantes. Malgré la végétation, on imagine très bien l'endroit comme un lieu de rassemblement. On observe sur les falaises des endroits où des gardes pouvaient se poster pour surveiller l'arrivée des ennemis par la mer ou la montagne. Pendant ce temps, les habitants de la vallée pouvaient partager sereinement des activités tous ensemble.

L'endroit est intrigant. Certes, il est « sauvage » mais il se dégage une ambiance particulière. On a le sentiment que les derniers rassemblements ont eu lieu il y a quelques semaines seulement. C'est difficile à expliquer, c'est comme si une présence bienveillante nous observait. C'est peut-être l'esprit d'un des tombeaux entrouverts qui est resté présent à cet endroit.

Quelques mètres plus loin, c'est le moment d'une longue pause le long de la rivière. Cela fait plus de deux heures que nous marchons. Quand j'arrive au point de rassemblement, les garçons sont déjà dans l'eau avec leurs chaussures et ont démarré la construction d'un petit barrage. Nous profitons du moment pour partager des pamplemousses, des mangues et même une noix de coco dont l'intérieur n'est plus liquide mais a pris forme d'une matière un peu spongieuse. Quand la noix de coco a commencé à germer, une boule blanche remplace l'eau de coco. C'est comestible et même un peu sucré. Je découvre une autre manière de manger la noix de coco. Un peu plus loin en marge du groupe, je prends le temps d'observer l'eau vive de la rivière. Je contemple l'endroit. L'environnement est apaisant.

Un oiseau est posé sur une branche. Habituellement, j'accorde peu d'importance à ce type d'évènement qui n'en est pas un à proprement dit. Mais cette fois, je me surprends à contempler l'oiseau. Ses griffes sont accrochées à la branche et il semble vouloir se dresser pour paraître plus grand. Parfois, il bat des ailes sans vouloir réellement s'envoler. L'oiseau me regarde mais tourne aussi la tête comme s'il ne voulait pas croiser mon regard. Je m'amuse à le regarder. Il ressemble beaucoup à l'oiseau que nous avions aperçu avec Aniata lors de notre visite du site archéologique avec le grand banian. Il siffle à plusieurs reprises et finalement s'envole.

François, un ami, m'a expliqué plus tard que les oiseaux ont des yeux de chaque côté de la tête et qu'ils n'ont pas la vision binoculaire comme nous. En réalité, quand il tourne la tête, l'oiseau me regarde et quand il me fait face, il cherche des prédateurs et ne me voit plus.

Le moment de repartir est arrivé. Nous empruntons le même chemin qu'à l'aller et cette fois-ci avec l'aide de la pente légèrement descendante que nous apprécions. Mathis m'accompagne pour le retour. Il a laissé les deux garçons partir à l'avant. Nous faisons toute la descente ensemble. C'est un vrai moment de partage avec mon fils.

Il me raconte la construction de son barrage. Il a un bon pas et me tient la main car les pierres sont parfois un peu glissantes. Mathis me parle maintenant des vacances. Maman et Lily-Rose ne sont pas avec nous. Auraient-elles réussi à faire cette longue balade ? J'aurais certainement dû porter Lily-Rose dans les bras. Je nous égare dans une clairière avec des bananiers. Et finalement, nous retrouvons le bon chemin. Nous discutons pendant presque deux heures jusqu'à l'arrivée au point de rendez-vous pour le déjeuner. Je suis fier de mon fils qui réussit à faire la randonnée sans problème. Je lui dis. Mathis a sept ans et nous avons une relation qui a quelque chose de particulier. Mathis est notre aîné. Il est très intelligent, s'intéresse à tout et surtout il m'adore et j'avoue que cela me plaît.

Le déjeuner est très bon et tout le monde dévore les plats copieux qui ont été préparés au barbecue par un cousin Marquisien. Il vit dans la vallée et il est tatoué sur une grande partie du corps. La randonnée était vraiment une découverte instructive pour tous les participants. Pourtant, Mai est soucieux. Un des moteurs du bateau a pris feu alors qu'il était utilisé par un de ses collègues pendant notre randonnée. Il ne redémarre plus. Pendant notre pause déjeuner, il essaye de réparer un tuyau percé avec de l'adhésif. Ça ne fonctionnera pas.

Après le déjeuner, certains membres du groupe prennent le temps de la baignade. Mathis y va avec les deux jeunes garçons. Je m'amuse à l'observer de loin pour vérifier comment il se débrouille seul dans l'eau. Il est très à l'aise et cela me rassure de le voir évoluer et se débrouiller de manière autonome.

Je suis assis à l'ombre d'un arbre et en me levant pour quitter l'endroit j'aperçois un oiseau qui s'envole d'une branche. Il était assis au-dessus de moi pendant que je regardais Mathis se baigner. C'est peut-être le même que j'avais observé quelque temps plus tôt. Je n'ai pas réussi à interpréter la signification de sa présence.

Plus tard, nous embarquons sur le bateau pour effectuer le trajet retour. Ce sera à vitesse réduite avec un seul moteur. En sortie de baie, nous faisons la rencontre inattendue de plusieurs raies mantas. Cet animal est intrigant. Il y a d'abord les pointes des ailes qui sortent de l'eau comme des aillerons de requins. Nous sommes tous debout dans le bateau pour les observer. Elles mesurent plus de deux mètres et nagent maintenant à la surface. Les raies se suivent lors d'un déplacement majestueux. Elles se nourrissent de plancton avec la gueule ouverte pour filtrer l'eau.

Le spectacle est très impressionnant et nous prenons le temps de les observer pour ensuite continuer notre retour à faible allure.

Cette fois, la houle est bien plus forte qu'au trajet aller et il n'est pas possible de naviguer très vite avec un seul moteur. Mathis s'endort sur mes genoux. Je le tiens d'une main et de l'autre je m'agrippe au bateau. Nous sommes secoués mais tout se passe bien. Le retour au port se fait sans incident.

Le spectacle de danse

Sur le chemin du retour entre le port et notre chambre d'hôte, nous apercevons Céline et Lily-rose. Elles ont pris la route à pied pour ne pas être en retard au spectacle de danse qui débute à 16 h 30. Avec Mathis, nous prenons le temps de récupérer de notre randonnée grâce à une douche rapide et Debora nous amène une demi-heure plus tard sur le front de mer sur le site Temehea, là où les filles sont déjà en activité.

Le lieu qui accueille les danseuses est très grand et porte une histoire. Il a été rénové en 1989 à l'occasion du Matavaa, le festival des îles Marquises. Il y a déjà une centaine de spectateurs assis sur les pierres autour des danseuses qui sont en mouvement sur la zone centrale. Je récupère Lily-Rose qui était sur la piste de danse avec Céline et notre amie de Moorea, Nelly. Avec les enfants, nous nous asseyons pour assister au spectacle qui a démarré depuis quelques minutes seulement. Lily-Rose est en très grande forme et s'est bien reposée aujourd'hui.

Ce concours de danse doit durer 1 h 30 avec différents types de danse dont le Ori Tahiti et des danses marquisiennes. Les enfants se sont rapidement emparés de nos téléphones pour prendre des photos et des vidéos. Les femmes sont nombreuses à ce concours de danse. Elles sont toutes pieds nus sur le terrain recouvert d'herbes séchées. La première partie était plutôt un échauffement de type fitness avec de la musique moderne. Les femmes sont mises en lumière par les rayons de soleil encore présents.

Le moment de la danse tahitienne arrive. Les femmes sont placées en rangée de huit ou neuf. Je compte au moins six lignes. Elles sont plus de cinquante habillées avec des parures de couleurs identiques : le violet et le blanc. Les hanches, les coudes bougent au rythme de la musique polynésienne. Les lignes avancent en rythme les unes après les autres. Certaines danseuses ont une couronne de fleurs sur la tête. D'autres ont une fleur à l'oreille. J'ai appris par Céline que les frais de participation permettaient d'avoir une tenue aux couleurs de l'évènement : T-shirt blanc et paréo violet. L'argent servira à financer la participation de l'école de danse de Nuku Hiva au ***Heiva*** qui a lieu à Tahiti en juillet.

Le Heiva est un ensemble de festivités autour des arts traditionnels qui est célébré depuis 1880. Suite à la christianisation des archipels de Polynésie, « Les chansons, jeux ou divertissements lascifs » avaient été interdits au début du 19e siècle. Lors du Heiva, des concours artistiques de danse sont organisés pour les danseurs professionnels comme pour les danseurs amateurs.

J'ai l'impression que la professeure de danse est la même personne qui m'a raccompagné après notre location de voiture deux jours plus tôt. C'est elle qui m'avait parlé de cet évènement. Je reconnais ses longs cheveux. Elle est sur un podium surélevé pour que l'ensemble des danseuses puissent la regarder et connaître les différents mouvements et pas de danse. La musique est jouée par un groupe de musiciens avec des instruments traditionnels qui se trouvent à proximité du podium. Le soleil se couche et quelques nuages dans le ciel commencent à rougir. La zone où se trouvent les danseuses est maintenant à l'ombre et les falaises flanquées à gauche sont mises en lumière par le soleil couchant.

Commence alors la dernière partie. Cette fois, je reconnais les rythmes de la musique marquisienne découverts lors de la soirée des aînés. Les enfants continuent à mitrailler de photos le spectacle pendant que Céline, leur maman, s'applique à reproduire les pas de danse.

Soudain, une musique démarre accompagnée par un chant très mélancolique. Le rythme des Pahu, les tambours marquisiens, s'accélère. Le son de ces instruments est particulier. Aujourd'hui, c'est en tapant sur le cuir en peau de vache que le son des vibrations résonne. Auparavant, c'était avec de la peau de requin que les tambours étaient créés.

Toutes les danseuses sont sur la pointe des pieds. Elles ont les bras qui évoluent de manière très gracieuse comme des ailes. Le geste se poursuit jusqu'au bout des mains, jusqu'au bout des doigts comme si elles allaient s'envoler. Les bras sont penchés vers la droite, puis vers la gauche.

J'observe Céline attentivement. Je trouve qu'elle danse très bien.

Les danseuses tournent sur elle-même avec les bras qui font un lent mouvement du haut vers le bas comme les ailes d'un oiseau. Leurs têtes sont maintenant orientées vers le sol. Les femmes sont parfois inclinées vers l'avant ou au contraire se tiennent très grandes sur la pointe des pieds avec les mains vers le ciel. Le rythme est entraînant.

Céline semble à présent presque en équilibre sur un pied avec les bras tendus qui continuent à réaliser le mouvement des ailes. Sa tête est haute et son regard est fixé vers l'avant. Elle est concentrée et gracieuse à la fois.

La musique et la danse ont quelque chose de spécial. C'est à la fois beau à regarder, agréable à écouter et inspirant. C'est en fait totalement envoûtant ! Cette danse est sensuelle. Sans le savoir, j'assiste à la majestueuse danse de l'oiseau « Te Hakamanu » et Céline fait partie du spectacle !

Extrait de Te Hakamanu, Mina Barbe, novembre 2008 :

« Si les belles devaient séduire le jeune fils de chef pour qui avait lieu l'évènement, le regard de l'oiseau de mer qu'elles incarnaient se portait vers le sol, comme l'oiseau qui plane et regarde de haut ce qui

se passe sur terre. Les mouvements des bras, très gracieux devaient se développer et évoquer une frégate, le mokohe : le corps incliné vers l'avant, les bras faisant de lents mouvements d'enroulement puis, ramenés le long du corps, pour se déployer dans le dos puis s'ouvrir, pivoter, se développer et revenir avec élégance. »

La danse de l'oiseau est terminée et le spectacle s'est transformé maintenant en concours de *Faarapu*. Il faut former un cercle avec les hanches de manière très rapide sans bouger le haut du corps et l'objectif est de tenir le plus longtemps possible. Ce mouvement des hanches est extrêmement rapide. Les danseuses sont très bien entraînées, c'est certain !

Ensuite, il y a une remise de prix pour les meilleures et pour terminer la soirée, l'ensemble des spectateurs est invité à rejoindre l'espace central avec les danseuses. Les musiciens jouent de la musique très rythmée et chaque petit groupe de participants danse l'un après l'autre. À la fin, nous dansons tous ensemble.

Nous poursuivons la soirée à la pizzeria située non loin du lieu de spectacle. Après avoir récupéré de nos émotions, nous rentrons chez notre hôte vers 21 h. Nous couchons les enfants et nous nous retrouvons sur la terrasse pour finir la soirée et discuter avec Debora. Quelques bières sont ouvertes pour nous rafraîchir car il fait encore chaud. Nous continuons à découvrir plusieurs facettes des Marquises grâce aux histoires de Debora.

Finalement, elle nous raconte l'histoire de « Te Hakamanu », le premier conte Marquisien passé de la tradition orale à la publication.

Je bois ses paroles. La manière dont ce livre a été écrit et illustré est déjà une histoire à elle seule. Elle nous montre le livre qu'elle est allée chercher dans le salon. Je reconnais le livre que j'avais choisi mais que je n'avais pas ouvert la veille !

Les textes et les illustrations sont vraiment beaux. Lucien Kimitete, surnommé Roo, a détaillé cette légende marquisienne. Il était le maire de Nuku Hiva. Roo, l'orateur, a accepté d'écrire cette histoire suite à l'insistance de Caty Banneville qui a réalisé les illustrations. Elle avait assisté à la danse enchanteresse au festival de 1989. Chaque jour, cette personne est allée à la mairie pour lui demander d'écrire cette légende et après plusieurs mois, il a finalement accepté d'écrire « Te hakamanu ». En Marquisien, *haka* signifie la danse, *manu* signifie l'oiseau.

La légende ***Te Hakamanu*** raconte la danse de l'amour et de la vie sur la Terre des hommes. C'est l'histoire d'une femme, sœur du grand chef des Taïpi, qui refuse de mourir et de quitter la terre parce qu'elle n'a pas eu d'enfant. Elle se prénomme Tahiatemata. Une forme humaine est alors retrouvée sur la plage par un pêcheur qui en tombe amoureux. Le nouveau couple a alors un fils. Celui-ci est fait prisonnier à l'âge de dix ans par une tribu ennemie. La mère devra alors livrer son secret de la danse de l'oiseau pour que son fils soit sauvé.

En écoutant la légende, je me remémore la musique et la danse exécutée par Céline. Je la revois danser gracieusement tel un oiseau.

Je veux un de ces livres ! Où peut-on trouver le récit de cette légende ? Je demande à Debora qui m'informe qu'il ne reste pas beaucoup d'exemplaires mais qu'il est peut-être encore disponible dans les librairies de Tahiti. Elle me confie également qu'elle espère qu'une réédition puisse se faire car le livre est quasiment épuisé.

Je vais me coucher mais avant de m'endormir, je réfléchis aux évènements de ma journée.

Que s'est-il passé ce jour du 18 décembre ? J'ai passé une agréable journée avec mon fils. Nous avons visité la vallée d'hakaui et finalement assisté en fin de journée à un spectacle Marquisien où Céline dansait comme une marquisienne pendant que Lily-Rose photographiait sa maman. Nous avons terminé la soirée chez Debora qui m'a fait découvrir la légende écrite par son mari.

Est-ce les visuels de ce livre ou tout simplement l'histoire qui m'a touché ? ou bien est-ce la perspective du départ de Nuku Hiva qui rend cette journée si spéciale ?

Je n'en sais rien. C'est peut-être un peu de tout ça.

J'ai l'impression que ce livre, cette légende est une invitation à en découvrir davantage. La danse, la musique, la culture marquisienne, la vie sur terre, la famille. Ces quelques jours à Nuku Hiva ont réveillé chez moi une capacité à m'émerveiller.

Finalement, l'oiseau m'aura accompagné toute la journée.

Le 19 décembre

Le lendemain matin, je prends une photo du livre pour avoir les informations exactes sur l'éditeur. Je verrai si je peux en trouver un à la librairie Odyssée à Papeete sur l'île de Tahiti. Nous prenons un petit déjeuner sur la terrasse, face à la baie. C'est déjà le moment de quitter Nuku Hiva et de continuer par la découverte de l'île de Hiva Oa. C'est incroyable comme ces quelques jours étaient riches et intenses en découvertes, en rencontres. Nuku Hiva et Debora nous reverront certainement. Avant de partir, nous immortalisons le moment en prenant une photo dans le jardin.

Aniata nous emmène à l'aéroport et c'est l'occasion pour moi d'échanger avec elle sur son vécu et son expérience.

Je lui demande :

— Qu'est-ce qui te manque ici dans ta vie quotidienne ?

— Tu sais, les Marquises ne sont pas du tout coupées du monde. Il est très facile d'aller sur l'île de Tahiti. De nombreux vols permettent d'aller découvrir des pays comme les États-Unis ou la Nouvelle-Zélande, m'explique-t-elle.

— Oui mais ce n'est pas donné à tout le monde ?

— C'est vrai. Moi, j'ai eu la chance de passer une partie de mes études en Angleterre et à Hawaii, grâce au système scolaire qui encourage à avoir de bons résultats. Et puis le réseau internet fonctionne très bien ici grâce à la fibre !

— Oui, tu as raison. Vous avez accès à toutes les informations disponibles.

— Bon parfois, il me manque un bon burger mais la vie aux Marquises n'est pas aussi difficile que tu l'imagines !

Les Marquises sont à la fois restées figées dans le temps sur certaines choses et certaines activités mais cet archipel est aussi très moderne et connecté au monde d'aujourd'hui. Ce contraste est frappant et semble pourtant bien fonctionner. Il est possible de vivre aujourd'hui avec les outils modernes de transport, de communication tout en conservant son patrimoine et quelques rituels du passé.

À l'aéroport, nous sommes quelques minutes en avance par rapport à notre horaire d'embarquement. Les enfants en profitent pour arpenter la grande allée de l'aéroport. Je m'arrête devant une petite boutique de souvenirs. On y trouve un tas d'objets insolites qui parfois n'ont rien à voir avec les Marquises comme des jouets pour enfants, des souvenirs en porcelaine ou des bijoux en graines et même quelques livres. Je ne trouve pas vraiment le souvenir qui me plaît.

Un homme se tient derrière moi. Sans me retourner, je pense savoir qui il est. Il s'approche sur mon côté droit, je tourne la tête et je reconnais l'homme au collier aux dents de cochon, le danseur, le guide touristique.

Sans me regarder, le regard figé, il me dit :

— Tu es venu ici pour te distraire et découvrir notre île. Il faut maintenant que tu perces le secret de nos légendes et de notre histoire.

Je reste sans voix. Je l'écoute immobile. Il ajoute :

— Les autres doivent savoir et tu dois leur expliquer !

Je tourne la tête à gauche pour chercher Céline ou visualiser les enfants. J'essaye de me raccrocher à quelqu'un que je connais. Je ne les vois pas. Je respire profondément et regarde à ma gauche. L'homme n'est plus là. Je me retourne pour regarder derrière moi, il a disparu. Impossible de retrouver l'homme mystérieux.

Céline et les enfants arrivent en courant. Les enfants ont réussi à convaincre leur maman d'obtenir quelques bonbons pour le trajet en avion. Un appel via les haut-parleurs nous informe qu'il est l'heure d'embarquer.

Quelques minutes plus tard, nous sommes dans l'avion et nous quittons Nuku Hiva pour nous rendre à Hiva Oa pour la suite de notre découverte des îles Marquises.

Chapitre 5
Les personnes qui nous rappellent

Les souvenirs d'un homme constituent sa propre bibliothèque.

Aldous Huxley

Après quelques dizaines de minutes seulement, l'avion atterrit à Hiva Oa. La montagne se jette dans la mer. Ici, pas de lagon comme à Moorea. Le vert tropical est au contact du bleu océan. La falaise délimite ces couleurs.

Nous prenons notre photo de famille à quatre sur le tarmac de l'aéroport avec le nom de l'île en arrière-plan. L'avion n'est pas grand et nous ne sommes pas nombreux à débarquer car une partie des voyageurs continue le trajet vers Tahiti. L'accueil se fait avec le traditionnel collier de fleurs. C'est toujours très agréable de se faire envahir par ce parfum naturel. Notre transfert est rapide jusqu'à l'hôtel et nous échangeons quelques mots avec notre chauffeur.

En réservant trois nuits à l'hôtel Hanakee Lodge, nous nous sommes fait un cadeau de Noël à l'avance. En réalité, nous n'avons pas osé réaliser l'ensemble de notre séjour en pension aux Marquises car c'était la première fois que nous pratiquions ce type d'hébergement. Je crois que cet hôtel est le seul sur Hiva Oa.

Un rafraîchissement nous est offert sur la terrasse du restaurant de l'hôtel. Nous sommes assis face à une piscine à débordement. La vue sur la baie est très belle. Nous sommes le dimanche et il y a de l'animation car c'est le jour du brunch et beaucoup de « locaux » sont présents. Les enfants ont déjà faim alors qu'il est seulement 11 h mais apparemment les voyages creusent l'appétit. Nous profitons du buffet.

Après le déjeuner, une femme vient nous chercher pour nous emmener jusqu'à notre chambre. Sur le chemin, elle nous précise que c'est la chambre qu'Emmanuel Macron a eue lors de sa visite officielle fin juillet. Je me dis que c'est le message qui doit être donné à l'ensemble des visiteurs de l'hôtel. Nous entrons dans la chambre n° 9.

Je me suis trompé ! C'est bien celle qui a dû être allouée au président de la République. La vue sur l'océan, sur la baie et sur le mont Hanakee est exceptionnelle. La chambre est spacieuse. Sans perdre un instant, les enfants sortent les crayons et les feutres de leurs sacs et se mettent à dessiner sur le bureau situé juste sous la fenêtre face à cette vue époustouflante : je les comprends, c'est inspirant.

Céline et moi profitons de ce moment calme pour nous rendre sur la terrasse. En plus de la vue, nous récupérons la chaleur extérieure, l'air marin, les odeurs de fleurs. C'est réellement un endroit incroyable. L'après-midi est reposante.

Je profite de ce moment pour raconter à Céline le message que m'a adressé l'homme au collier. Elle n'a pas vu l'homme qui m'avait parlé mais se souvient très bien du danseur. Celine avait été également marquée par le Marquisien lors du premier spectacle de danse avec son collier en dents de cochon. « *Les autres doivent savoir et tu dois leur expliquer* », nous réfléchissons ensemble à la signification de ces mots. Pourquoi s'est-il adressé à moi ? Il faut que je perce les secrets des légendes marquisiennes, mais je ne sais pas ce que cela signifie réellement. Je ne connais que l'histoire de la danse de l'oiseau que j'ai découvert la veille…

Nous en restons là sur nos réflexions et nos questionnements en essayant de ne pas y attacher davantage d'importance. Les enfants nous réclament et veulent nous montrer leurs dessins.

Un peu plus tard, je prends le temps d'écrire un SMS à Debora. Je la remercie pour sa disponibilité, ses conseils et tout ce qu'elle nous a fait découvrir pendant notre séjour chez elle. Je termine le message par « Ma titahi a » qui signifie « à bientôt ». En réalité, je ne sais pas pourquoi je lui écris « à bientôt » mais j'ai sincèrement envie de la revoir pour partager des discussions, pour découvrir davantage les Marquises. J'ai aussi envie de retourner à Nuku Hiva un jour. Dans quelques années, dans cinq ans, dans dix ans peut-être.

Dans l'après-midi, nous profitons de la piscine avec les enfants. Nous prenons possession des lieux tranquillement. Vers 17 h 30, le soleil est passé de l'autre côté de la montagne. Depuis notre terrasse, nous assistons à un spectacle offert par la nature : le ciel est orangé. La vue sur la baie est incroyable.

Pour terminer la journée, nous dînons au restaurant de l'hôtel où nous sommes assis non loin du navigateur Philippe Poupon et de sa famille. Je vérifie sur mon téléphone grâce au réseau wifi de l'hôtel. Oui, il est bien présent avec son voilier « Fleur Australe » qui est dans la baie. J'en profite pour mettre à jour mes connaissances. Les expéditions du navigateur et de sa famille sont filmées pour être partagées sous forme d'épisodes avec comme fil rouge la meilleure connaissance de notre planète et la protection des océans.

Il y a également deux autres couples présents au restaurant. Nous ne sommes pas nombreux et l'ambiance est calme. Nos enfants mettent en peu d'animation mais pas trop de désordre. Lors de la soirée, une personne nous informe de notre programme du lendemain : nous visiterons l'île voisine de Tahuata.

C'est une très bonne nouvelle car cette destination était une de nos options qui s'est confirmée en fin de journée.

Cette après-midi de repos est vraiment bénéfique pour toute la famille. Notre première journée sur Hiva Oa est très calme et nous sommes restés à l'hôtel pour profiter du lieu qui se prête réellement au repos et à la quiétude.

La journée du 20 décembre sur l'île de Tahuata.

Après un petit déjeuner copieux, la desserte de l'hôtel nous emmène au port. Le temps de route est très court. Il suffit de descendre pendant quelques minutes pour rejoindre le port de pêche. Le conducteur du véhicule nous prévient dès l'arrivée :

— Attention à vos enfants pendant la traversée, il est possible que vous soyez secoués.

— Vous nous dites cela pour nous inquiéter ?

— Non mais parfois certaines personnes oublient que nous traversons l'océan pour rejoindre Tahuata donc il peut y avoir des vagues importantes.

— OK, merci pour vos conseils. Nous ferons attention.

Un couple nous accueille et nous sommes une dizaine à prendre place dans une petite embarcation. L'homme est le capitaine du bateau. La femme est notre guide. Je comprends, rapidement, qu'en terre comme en mer, celle qui donne les directives, c'est elle. Elle semble avoir un sacré caractère et apprécie donner les consignes à son mari qui semble s'en accommoder. Deux autres hommes accompagnent le capitaine.

Nous quittons la baie pour passer à proximité du mont Hanakee que nous pouvions observer depuis notre terrasse. Il y a un peu de houle mais pour le moment, la mer n'est pas trop agitée. La vue sur Hiva Oa depuis l'océan est très belle. Nous apercevons déjà l'île de Tahuata qui se trouve à quatre kilomètres seulement. Il nous faut traverser le canal du Bordelais pour arriver à destination. Le bateau est le seul moyen pour desservir l'île.

Une fois la traversée effectuée, notre embarcation s'arrête à proximité du petit village de Vaitahu. Nous débarquons de manière un peu sportive par un petit quai pour effectuer une petite balade avec les explications de notre guide. À une centaine de mètres, nous rencontrons déjà des artisans qui vendent leur production. Il y a des sculptures en os, en pierre et aussi en bois. Les enfants veulent un souvenir. Il est trop tôt pour acheter quelque chose. Avec Céline, nous nous disons que nous avons besoin d'en voir un peu plus avant d'acheter un objet.

Lors de la promenade dans le village, une magnifique église catholique en pierre apparaît. Les trois portes en bois sont imposantes et elles sont sculptées minutieusement. À l'intérieur, les murs en pierre grise à joints blancs montent très haut, jusqu'au plafond en bois, à plus de dix mètres de hauteur. Les vitraux qui se trouvent au-dessus de l'autel sont admirables et les bancs sont fleuris. Une cérémonie a certainement dû avoir lieu la veille. On respire encore l'ambiance gaie et festive.

Je trouve que les églises ont souvent la particularité de garder une mémoire des évènements. Celle-ci me rappelle les fêtes de mariage. J'ai la chance de faire partie d'une famille nombreuse et les célébrations de mariage de mes cousins ont toujours été des moments de retrouvailles et de joie. À cet endroit, je me remémore quelques sorties de jeunes mariés sous les confettis ou parfois même sous les pétales de rose.

Ce sont les vacances scolaires et un groupe d'enfants est présent sur la plaine recouverte d'herbe en face de l'église. Cet endroit est apaisant. C'est un ***Tohua*** avec des tikis en pierre sur les côtés. Il est situé entre l'église et la plage. Les enfants y jouent librement. J'imagine les danses et les chants qui ont pu avoir lieu dans une ambiance joyeuse et même les spectacles qui auront lieu dans l'avenir à cet endroit.

En revenant vers le quai, je découvre une stèle à proximité de la mairie. C'est la première fois que je vois l'inscription « Fenua Enata - Terre des hommes » sur un site touristique. Je prends quelques photos pour en garder une trace. Le soir, je découvre que la stèle commémore l'année 1595 quand la « Terre des hommes » a été appelée « îles Marquises ».

Une autre plaque commémorative était présente. Elle rappelle l'accueil donné le 04 août 1838 par la population de Vaitahu à l'amiral Dupetit-Thouars en première mission de reconnaissance au nom de la France.

L'archipel des Marquises est composé de quatorze îles. Six d'entre elles sont habitées par moins de 10 000 habitants au total et nous avons la chance de visiter une troisième île. Cette île de Tahuata est déjà une très belle découverte alors que nous y sommes depuis moins d'une heure. Les points communs avec Nuku Hiva et Hiva Oa sont sans aucun doute la montagne, l'océan et surtout l'accueil des Marquisiens !

Nous embarquons pour la destination d'*Hapatoni*, à quinze minutes par la mer. En arrivant, nous empruntons une longue voie qui longe la baie. C'est la « voie royale » qui était empruntée autrefois. Un chiot s'amuse à suivre nos enfants. Mathis est à l'aise avec les chiens et il le caresse. Lily-Rose court et hurle à chaque fois que le chiot l'approche. Elle me saute dans les bras quand le chiot vient un peu trop près d'elle. Cela fait l'animation pendant une bonne partie du trajet.

Il commence à pleuvoir quelques gouttes et nous nous abritons sous un grand manguier qui est situé à côté d'une église. Mathis aperçoit le clocher et surtout la corde qui permet d'actionner la grosse cloche. Nos regards ont à peine le temps de se croiser et il court se suspendre à la corde pour faire sonner le carillon sur toute la baie. L'église est fermée et nous ne pourrons pas la visiter.

En revenant nous abriter sous l'arbre, Lily-Rose mange une pomme tout en caressant un chevreau comme si cela était tout à fait normal. L'animal suivait un des habitants qui est venu trouver refuge sous le manguier. Cette fois, elle n'a pas peur. Mathis s'empresse de le caresser également avant qu'il ne s'échappe.

Nous continuons notre route jusqu'au *fare* artisanal et cette fois, Céline et moi acceptons que les enfants choisissent un souvenir. Plusieurs artisans présentent leur production sur des tables très garnies. Lily-Rose repartira avec un bracelet. Mathis aura un pendentif en forme d'hameçon taillé dans un os de bœuf. Sur une des tables, j'aperçois une inscription à laquelle je ne porte pas une grande attention mais que je me remémore plus tard. Elle est gravée sur un morceau de pierre et indique : « C*ontinue tes recherches et tu trouveras* ! ».

En quittant les artisans, nous assistons à une scène assez incroyable. Notre guide demande, ou plutôt ordonne, à son mari qu'il aille cueillir un mei. Notre capitaine de bateau s'exécute. Jusque-là, rien d'exceptionnel mais pour cueillir le fruit, le mari commence à grimper à l'arbre à pieds nus. Il se retrouve très vite à quatre ou cinq mètres de hauteur pour choisir le plus beau fruit. Ce n'est pas celui-là qu'elle veut. Il change de branche et monte encore plus haut à la force des bras. J'ai l'impression que la branche peut casser à tout moment avec le poids de l'homme. Il est d'une agilité exceptionnelle et monte à plus de 7 ou 8 mètres de hauteur. Cette fois-ci, elle est d'accord sur le fruit qu'il propose et il peut le cueillir. Il le lance à un de ses collègues qui est resté en bas. Finalement, il réussit à descendre tant bien que mal.

Le mei sera cuisiné sur le feu pour notre déjeuner. Notre guide nous précise qu'ici les fruits sont gratuits. Il suffit simplement de demander au propriétaire de l'arbre. En partant, elle salue la dame assise sur la chaise de jardin à quelques dizaines de mètres en guise de remerciements.

Nous reprenons le bateau pour rejoindre une plage de sable blanc. Nous sommes montés sur le toit du bateau pour profiter de la vue. Grâce à la vitesse du bateau et la légère brise, quelques gouttes nous fouettent le visage. Les enfants sont assis entre nos jambes. Notre guide, qui nous a rejoints, nous informe que les habitants d'Hiva Oa passent souvent le week-end sur Tahuata pour profiter des plages, pécher et se reposer. Nous comprenons parfaitement car le cadre nous paraît exceptionnel.

Deux options nous sont proposées pour débarquer : attendre la petite barque qu'un homme est allé chercher sur la plage ou simplement rejoindre l'île à la nage. Nous sommes équipés de masques et tubas pour cette excursion donc le choix est fait rapidement. Je saute en premier. Mathis suit sans hésiter. Il sait nager depuis plusieurs années et se retrouver dans l'eau est un pur moment de liberté pour lui. Il nage facilement et adore même plonger à quelques mètres sous l'eau. Lily-Rose veut en être aussi. Elle saute du bateau pour faire un plongeon d'enfant avec les jambes écartées ! Elle sait nager depuis que nous sommes à Moorea. Après quelques brasses, elle s'accroche quand même à mon cou pour se rassurer. Céline se dévoue pour attendre la barque afin de descendre notre sac sans mouiller les affaires qu'il contient. Les enfants n'ont vraiment aucune crainte dans l'eau et nous rejoignons la plage à la nage sans difficulté.

Avant le déjeuner, Mathis insiste pour commencer une chasse aux crabes. Je trouve deux morceaux de bois sur le bord de la plage qui nous seront peut-être utiles. Nous voilà partis à la recherche de Tupas, les crabes de Polynésie ! Assez rapidement, il en trouve un qui s'enfuit vers la mer. Nous le cherchons dans l'eau et le retrouvons. Mathis arrive à l'attraper avec la dextérité qu'ont les enfants de moins de dix ans. Il ne réfléchit pas aux possibles conséquences de la pince sur le doigt et se concentre uniquement sur le fait de l'attraper ! Le crabe est trop petit et Mathis décide de le relâcher. Nous continuons notre chasse à l'extrémité de la baie où se trouvent des rochers. Cela m'arrange car l'endroit est un peu ombragé et pour le moment nous étions en plein soleil. Les quelques crabes présents s'enfuient très vite sous les rochers en entendant les deux chasseurs marcher dans l'eau munis de leurs petits bâtons.

Nous finissons par rejoindre le groupe après quelques tentatives infructueuses. Lily-Rose a profité d'un hamac fixé entre deux cocotiers pour commencer une sieste. Céline discute avec les autres touristes.

L'apéritif est servi. Céline déguste un jus de fruits pressé à base de mangue. Je choisis le rhum fruité qui est excellent. Le capitaine, accompagné par ses deux hommes, a préparé du poisson grillé sur le barbecue, une grille installée sur quatre grosses pierres. Il y a également du thon cru, des légumes. Il a aussi cuit au feu le fameux mei. Une fois devenu complètement noir sur l'extérieur, le fruit de l'arbre à pain est prêt à être dégusté. La texture ressemble un peu à celle de la pomme de terre. Le fruit est beaucoup plus gros et son goût un peu sucré par rapport au tubercule. Grâce à ce fruit, il est encore possible aujourd'hui de nourrir plusieurs personnes en période de disette.

Nous déjeunons sur une table en bois, assis sur un banc face à la baie avec les autres touristes et notre guide. Le moment est convivial et j'en profite pour demander si certains d'entre eux connaissent des légendes marquisiennes. La plupart d'entre eux connaissent des légendes de Polynésie. Mais personne ne semble connaître celles spécifiques aux îles Marquises.

Un peu plus tard, je discute avec les hommes qui sont restés à l'écart pour déjeuner ensemble. Mathis me rejoint pour écouter notre conversation qui commence sur le thème de la pêche. J'apprends qu'ils partiront pêcher ce soir. Je leur demande s'il est possible de les accompagner. Ils me répondent que c'est possible. Mathis, qui a tout entendu, est tout excité à l'idée de pêcher en mer.

Depuis que nous sommes en Polynésie, il s'est familiarisé avec la pêche au bord de lagon. Cela lui plaît mais maintenant il est déçu de devoir relâcher le poisson à chaque fois car ils sont trop petits. Il aimerait découvrir la pêche de poissons plus gros.

Je demande au capitaine s'il pense qu'il est possible d'emmener Mathis. Il me répond que c'est compliqué car Mathis est trop jeune. Ils partent pêcher toute la nuit et doivent absolument rentrer avec trois thons pour honorer une commande. Impossible d'assurer une heure de retour et il ajoute que la pêche sera sportive car ils partent en mer assez loin avec souvent une forte houle. Je comprends ses explications et j'informe Mathis qu'on trouvera une autre occasion mais que ce ne sera pas possible pour cette fois.

Nous profitons de la plage et de la baie. Nous nous baignons et nous nous promenons jusqu'au bout de la plage de sable blanc. La journée passe vite.

Tout le monde se décide finalement à remonter en bateau et cette fois la mer est beaucoup plus agitée pour la traversée du canal du Bordelais. Les creux de vagues sont assez impressionnants et le trajet s'effectue avec quelques frayeurs mais néanmoins sans danger. Les enfants ont dormi une bonne partie de la traversée. Ils ont la faculté de se reposer dans les moments qui nous paraissent à chaque fois improbables.

Arrivés au port, nous débarquons et le bateau pour touristes se transforme très rapidement en bonitier, sa configuration normale, prêt pour la pêche de nuit ! Nous observons quelques pêcheurs qui sont présents sur le quai avec leur équipement. Mathis ne loupe jamais une occasion pour regarder avec attention la gestuelle des pêcheurs et s'intéresser aux poissons qui ont été capturés.

Grâce à la navette, nous regagnons rapidement l'hôtel, puis notre chambre pour nous reposer et pour dîner sur place en famille.

La visite du musée

Tôt le matin du 21 décembre, après une bonne nuit et un petit déjeuner sous forme de buffet, nous partons pour une balade dans le village d'Atuona et la visite du musée dédié à Paul Gauguin. Sur la route, nous apercevons des maisons très colorées sur le flanc de la montagne. Nous traversons un village paisible où sont présents quelques commerces, une roulotte et un bar. La vie est tranquille et la journée rythmée par les visites de touristes.

En arrivant au musée Paul Gauguin, je découvre la biographie de l'artiste. Pour être sincère, je ne savais pas grand-chose sur lui. Les peintures exposées sont toutes des reproductions car les originaux sont répartis dans des musées aux quatre coins du monde. Je m'arrête avec Céline sur quelques représentations qui nous font sourire ou qui évoquent des expériences personnelles. Avec Lily-Rose, nous nous arrêtons sur « La Boudeuse » car en ce moment c'est un trait de son comportement que nous découvrons. Elle n'apprécie pas trop notre remarque, d'ailleurs elle se met à bouder… Les peintures sont très colorées. Le peintre utilisait des végétaux comme le fruit du roucouyer ou le pistil de la fleur du purau pour obtenir des pigments de couleur.

Mathis a traversé plusieurs fois le musée au pas de course. Il s'est arrêté sur les vitrines qui présentent quelques ossements à la fin du parcours de la visite. Depuis plus de deux ans, il nous demande d'aller visiter un musée avec des dinosaures ! Il faudra vraiment en trouver un quand on sera de nouveau en France.

En quittant le musée par le jardin, nous terminons la visite par une reproduction en taille réelle de l'espace de vie de Gauguin, de son atelier. C'est « la maison du jouir ». Il faut grimper un escalier pour visiter cet espace qui a été reconstitué. À l'extérieur, il y a aussi le puits qui servait à rafraîchir sa gourde d'eau. Nous apprenons qu'elle était suspendue dans l'eau du puits grâce à une longue perche qu'il pouvait tenir depuis sa fenêtre, du haut de son atelier.

Un peu plus loin, nous trouvons un hangar dédié au chanteur Jacques Brel. J'approche de l'endroit en traversant un jardin. Les enfants sont déjà occupés à courir dans tous les sens. Je les laisse et je m'approche en premier de la porte principale du hangar de couleur vert et rouge. Un panneau en bois indique « Espace Jacques Brel ». La porte métallique est entrouverte. Je la pousse et découvre son avion Jojo qui y est entreposé comme la pièce maîtresse du musée. L'endroit est un peu froid au début mais je m'intéresse rapidement aux affiches présentes sur les murs et aux informations qui sont données.

Je découvre l'histoire de Jacques Brel aux Marquises. Il rendait réellement service à la population en effectuant des liaisons hebdomadaires avec son avion pour le courrier, les médicaments, les livres et parfois même des évacuations sanitaires. Le hangar a été installé à l'endroit où Jacques Brel avait mis en place un écran de cinéma qui permettait aux jeunes de se rassembler et de se distraire. À l'entrée, il y a encore le projecteur qui diffusait les pellicules de film au format 35 mm.

Sur les murs du hangar, je trouve des citations, des photos de Jacques Brel. Je prends quelques photos de phrases qui me parlent. Elles me rappellent de longues discussions avec mon ami Pierre quand nous avions vingt ans. Les larmes me montent aux yeux. Pierre est parti depuis très longtemps, vingt-cinq ans se sont écoulés depuis sa disparition. Pierre faisait partie de mes amis rencontrés lors de mes études à Lille. Nous partagions des soirées à discuter mais aussi à fêter l'insouciance de cette période de vie sans contraintes. Pierre était rêveur. Il lisait beaucoup et aimait écouter des chansons. Il me faisait découvrir des chanteurs à texte que je ne connaissais pas. J'avais beaucoup de plaisir à passer du temps en sa compagnie. Je me rappelle que nous partagions beaucoup de moments de rire et de joie.

Je termine le tour des quatre murs du hangar… et je fais le tour une seconde fois le temps de respirer profondément pour faire passer mes émotions. Ma gorge est sèche. J'attrape une gourde dans mon sac à dos pour m'hydrater.

Quelques citations de Jacques Brel que j'ai conservé :

« L'amitié, j'y crois. Je crois que c'est le seul remède contre la solitude. »

« Un homme, c'est fait pour être mobile. Un homme, c'est fait pour bouger. Ce n'est pas fait pour s'arrêter. C'est fait pour continuer et pour mourir en mouvement éventuellement. Tout le malheur vient toujours de l'immobilité. On use les choses en étant immobile. »

« Je crois qu'un homme est un nomade, il est fait pour se promener, pour aller voir de l'autre côté de la colline. »

Alors maintenant que je suis à cet endroit précis, comment interpréter la phrase de sa chanson : « *Gémir n'est pas de mise aux Marquises* » ?

Pour avoir passé quelques jours seulement sur cet archipel et avoir rencontré quelques Marquisiens lors de courts moments, je ne suis pas qualifié pour donner une analyse très pertinente. Néanmoins, ce que j'ai ressenti concernant les Marquisiens c'est une attitude tournée vers les autres. Cette manière de vivre consiste à profiter de choses simples, du moment présent, en partageant avec les autres sans jalousie et sans désir de posséder à tout prix. Il est clair que depuis toujours les habitants de cet archipel ont dû accueillir des personnes du monde entier. L'accueil et le partage sont des qualités qui sont pratiquées et transmises au quotidien. Les Marquisiens ne se plaignent pas devant les touristes. Je pense que les Marquisiens ne se plaignent pas du tout, en réalité. Ils ont conservé cette capacité à vivre et à profiter de l'instant présent tout en partageant leur histoire du passé.

À titre personnel, cette phrase tirée de la chanson de Jacques Brel m'évoque maintenant un souvenir qui m'aide à aborder les moments de vie de manière plus positive, sans complaintes.

Avant de quitter le musée et l'espace Jacques Brel, nous discutons avec la personne en charge de l'accueil du musée. L'affluence y est très variable. En effet, pour se rendre à Hiva Oa, il est possible d'emprunter le bateau ou l'avion. Tous les voyageurs viennent visiter le musée et la fréquentation est très importante le jour où les passagers de l'Aranui sont présents. L'Aranui est un cargo mixte qui fait la liaison entre Tahiti et l'archipel pour assurer le ravitaillement des habitants et aussi qui propose également une croisière à destination des îles Marquises.

Nous quittons le musée pour nous rendre au cimetière d'Atuona où reposent Jacques Brel et Paul Gauguin. La tombe de Jacques Brel est la première que nous remarquons. L'endroit est fleuri et des palmiers sont présents de part et d'autre. Autour de la tombe, des mots écrits au feutre blanc sont disposés sur des galets. J'en lis quelques-uns. Certains sont datés et indiquent qu'ils sont présents depuis plusieurs années. Un peu plus haut, les enfants trouvent la sépulture du peintre Paul Gauguin. Celle-ci est beaucoup plus ancienne. Il est décédé en 1903.

Je quitte le cimetière pour rejoindre notre chauffeur qui nous ramènera à l'hôtel. Céline est avec nos deux enfants autour de la tombe de Jacques Brel. Ils lui posent des questions sur la mort.

— Mais où est Jacques Brel ? il est sous la terre ? demande Mathis

— Son corps est sous la tombe et son esprit est au ciel, répond Céline.

La réponse leur suffit. Mathis du haut de ses sept ans est curieux et pose des questions qui sont souvent très précises. Il aime avoir des explications rationnelles. Le sujet de la tombe reviendra certainement. Lily-Rose est plus jeune mais elle comprend les choses avec une intelligence plus sensitive.

Céline et moi avons la chance d'avoir encore trois de nos quatre grands-mères qui vivent encore dans le nord de la France. Nos quatre grands-pères nous ont quittés depuis plusieurs années. Il y a quelque temps, nous avions expliqué à Mathis que les grands-pères étaient au ciel et il nous avait surpris un jour en nous demandant pourquoi les papis étaient tristes puisque la pluie qui tombait du ciel devait être en réalité les larmes des papis. Il m'avait alors fallu rentrer dans des explications climatologiques pour expliquer que les papis n'étaient pas tristes et que la pluie venait en réalité des nuages…

Jacques Brel faisait partie des raisons de ma venue aux Marquises. J'y allais pour le chanteur, l'artiste et ses chansons. J'ai découvert un homme qui est arrivé aux Marquises en bateau lors d'un tour du monde effectué avec sa dernière compagne, Maddly. Jacques Brel y est resté car l'endroit était « beau à en mourir ». Il appréciait l'anonymat et rendait service à la population. C'est une facette de l'artiste que je ne connaissais pas.

J'y ai découvert aussi que le passé est important. Mon passé est important. À l'âge de 45 ans, j'ai eu la chance de vivre beaucoup de choses, de partager des moments avec des personnes exceptionnelles.

Je ne prends pas assez le temps de contempler, d'apprécier. Je ne prends pas assez de temps pour moi. Je me promets à moi-même d'être moins pressé. Je me promets de prendre plus de temps pour l'observation et le partage avec les autres.

Chapitre 6
Les personnes qui aiment la vie

Chacun prend son plaisir où il le trouve.

Proverbe français

Il est à peine neuf heures du matin et nous retournons à l'hôtel pour commencer notre visite des grands tikis sur une excursion d'une journée complète. Dany est notre guide et il nous emmène découvrir le premier tiki situé à proximité de notre hôtel.

Nous sommes dans un véhicule de type mini bus et deux autres touristes nous accompagnent pour cette excursion. Au cœur d'un bois ombragé situé à quelques minutes seulement du village, nous trouvons le tiki souriant sur le site archéologique de *Utukua*. L'accès est enfantin quand on connaît le lieu ! Autant dire introuvable sans un accompagnant ou un guide. Il n'y a ni panneau ni fléchage.

Nous stationnons en bord de route et nous marchons quelques minutes en empruntant un sentier qui descend légèrement. Il faut tourner à droite à une intersection de deux chemins et passer par un sentier qui traverse deux arbres. Nous nous trouvons sur une « zone herbeuse » pour reprendre l'expression de mon ami Jean-Paul. Nous sommes dans une forêt très dense avec énormément de cocotiers. Encore quelques dizaines de mètres et nous nous approchons de la statue en pierre. Un rayon de soleil transperce la végétation. Il fait chaud et humide. Lily-Rose s'est endormie dans mes bras le temps de la descente à pied. Elle commence à ouvrir un œil mais le lieu semble l'apaiser et finalement continue à faire la sieste.

Le tiki souriant semble effectivement sourire avec une très grande bouche. Il a un peu la forme des personnages du dessin animé « Les minions ». Son crâne est arrondi et il semble porter des lunettes. Il a également de toutes petites mains posées sur le ventre et mesure environ un mètre. Dany nous explique que c'est la représentation d'une femme qui porte des tatouages sur les lèvres et sur le côté du visage. C'est un demi-dieu. Il nous pose des questions pour nous faire participer et nous intéresser à ce tiki et cela fonctionne plutôt bien. Il nous explique que l'ensemble du lieu serait un espace dédié aux femmes avec la présence d'autres sculptures de sexe féminin. J'entends qu'il nous parle de la fertilité. Je regarde Céline qui semble être plongée dans ses pensées.

Le sujet de la fertilité me rappelle une période de notre vie. Une période qui a parfois été difficile mais dont l'issue est pourtant celle que j'espérais. À tel point, qu'il me paraît inconcevable aujourd'hui que l'histoire de notre parentalité soit différente de celle que nous avons vécu.

Nous avons adopté Mathis cinq ans auparavant et Lily-Rose il y a trois ans. Nous les avons désirés et ils ont changé nos vies de la meilleure manière. Céline est souriante et je sais qu'elle est apaisée. Nous sommes heureux d'être en famille, d'être parents, d'être leurs parents.

En remontant le chemin du retour, je récupère une savate perdue par Lily-Rose à l'aller pendant son sommeil. La « savate » est le terme qu'on utilise en Polynésie pour la tong. Lily-Rose en a plusieurs paires et adore varier les couleurs en fonction de ses vêtements du jour. J'imagine que cela va se transformer en passion pour les chaussures quand elle sera plus âgée…

Quoiqu'il en soit, ici, en Polynésie, quand on se chausse, c'est avec des savates mais le plus souvent on reste pieds nus.

Nous reprenons la route et arrivons à l'emplacement d'un rond-point. Dany fait un tour complet. Il semble ne plus savoir quel chemin emprunter. Il fait un deuxième tour. Je lui lance :

— Dany, tu t'es perdu ?

— Non, non, répond Dany en effectuant un troisième tour du rond-point.

Dans le véhicule, je commence à me demander ce que fait notre chauffeur. Je ne suis pas le seul et avec les autres touristes nous nous regardons un peu surpris. Dany continue et réalise un quatrième tour de rond-point en nous annonçant fièrement :

— Nous n'avons qu'un seul rond-point sur l'île, alors on en profite à chaque fois qu'on y passe !

Notre guide est sympathique. Tout le monde est détendu. Dany partage avec nous des anecdotes sur sa vie à Hiva Oa. Il a 47 ans et il est célibataire. Il aimerait avoir une compagne mais il ne veut pas rencontrer une femme de son île car ici tout se sait très vite. Chacun s'observe et commente les faits et gestes des uns et des autres. C'est un petit village. Sur les îles peu peuplées, il existe aussi le problème de consanguinité. Il aimerait rencontrer une femme mais ne semble pas faire beaucoup d'efforts pour chercher. Avec son rire communicatif, il va nous distraire lors de cette journée.

Le mini bus s'arrête.

Dany se retourne et lance :

— Les enfants, regardez les chèvres !

Nous regardons tous vers l'extérieur les quelques biquettes sur le bas-côté de la route. Dany imite le cri de la chèvre et celles-ci lèvent la tête. Nous sourions. Il recommence. Les chèvres s'approchent. Les enfants s'amusent et essayent de comprendre ce qu'il se passe. Encore une imitation de Dany, et Lily-Rose et Mathis comprennent que notre chauffeur imite très bien le bruit de l'animal. Tout le monde rit. En réalité, Dany est un vrai comique. Nous allons passer une bonne journée.

Après une heure de route environ, nous arrivons à ***Puamau*** sur le site des grands tikis. Nous ne sommes pas nombreux. Dany prend le temps pour nous raconter des anecdotes. Une autre famille de touristes français est présente et nous salue. Céline échange quelques mots avec la maman des deux enfants qui semblent avoir le même âge que les nôtres.

Je remarque des plateaux de terres entourés de pierres. De l'herbe verte est présente au centre de chaque zone. Rien que cela est très beau. Dany nous avertit de ne toucher ni aux pierres ni aux statues. Je lui demande pour quelle raison et il me répond qu'il ne faut pas le faire car on ne sait pas quelles sont les conséquences. Je me contente de cette réponse.

Il nous invite à gravir les quelques marches pour en découvrir davantage. L'endroit a été très bien restauré. Les plateaux ressemblent à des promontoires qui mettent en valeur le site archéologique. Les tikis semblent être les gardiens de ce lieu.

Plus haut, nous nous approchons de nombreux tikis en pierre. Il y a d'abord quelques têtes de tiki qui ont été trouvées sur le site et rassemblées à un même endroit. Certaines sont très intimidantes et les visages taillés dans la pierre sont très expressifs. Les têtes ont toutes de grands yeux ronds.

Ensuite, nous découvrons ***Maki'i Taua Pepe***, le tiki couché. Ce tiki représente une femme allongée sur le ventre. Il y a plusieurs années, cette sculpture a été découverte couchée sur le dos. Elle a une bouche gigantesque. Il y a également un pétroglyphe sur le côté gauche qui représente un animal. Dany nous fait chercher et finalement deviner ce qu'il représente. Selon lui, ce serait un lama. Cela laisse à penser des liens possibles entre cette statue et l'Amérique du Sud, située à plusieurs centaines de kilomètres. Nous prenons le temps d'admirer le tiki. Je le trouve très original de par sa position mais aussi son visage et surtout sa bouche qui semble exprimer un cri. Dany nous apprend que le tiki couché symbolise la fécondité et qu'il représente une femme qui accouche en regardant le ciel. Je comprends mieux le cri de douleur qui semble sortir de la bouche de la statue.

Encore plus haut, on aperçoit ***Takai'i***, le grand tiki qui mesure plus de deux mètres de haut. Il est connu pour être le plus grand tiki des Marquises. Il est considéré comme l'ancêtre de la tribu des ***Naiki***. Il se dresse sur des jambes légèrement fléchies, bien ancrées dans le sol. Ce tiki évoque la puissance. C'est une statue de guerrier. Il est composé de trois parties de même taille : sa tête est aussi grande que son corps et que ses jambes. Il y a une autre statue sans tête située sur son côté gauche. Ce serait son épouse dont on n'aurait pas retrouvé la tête sur le site archéologique ou, selon une autre hypothèse, ce serait un homme décapité parce qu'il n'a pas obéi aux ordres du grand tiki.

En découvrant tous ces tikis, je me rappelle la légende de la danse de l'oiseau. Les rivalités entre les îles et les guerriers des différentes tribus devaient être omniprésentes. La place de ces tikis dans les croyances des Marquisiens doit être très forte. J'imagine les célébrations de fête après une guerre victorieuse autour du tiki géant. Peut-être que la réalité était loin de tout cela. Et l'autre clan qui avait perdu, comment son dieu était-il traité ? Est-ce qu'il était détruit ? Est-ce que les tikis étaient cachés pour ne jamais être trouvés par une tribu ennemie ? Il y a très peu d'écrits sur l'histoire des Marquises et certains seront peut-être retrouvés un jour au fond d'une librairie nationale, rapportés il y a plusieurs dizaines d'années par des explorateurs européens comme découverte ou trésor de voyage.

En redescendant, nous découvrons un tiki à l'envers. En réalité, nous apercevons uniquement le socle retourné du tiki et c'est Dany qui nous explique que le corps entier est sous terre. Il nous raconte qu'un jour il a été déterré pour être positionné à l'endroit. Très rapidement, il a été remis à sa place dans sa position initiale. En effet, la personne qui avait extrait la sculpture est tombée soudainement malade. La seule explication retenue est que cette personne avait déplacé un objet qu'elle n'avait pas à toucher. Elle a été hospitalisée et après que le tiki ait été remis à sa place, cette personne a été guérie comme par miracle. C'est en raison du ***mana*** de ce tiki que celui-ci a été enterré de nouveau dans sa position d'origine, à l'envers, pour qu'il reste exactement à sa place.

Le mana est cette puissance spirituelle qui suscite un grand respect et encore une croyance forte. Parfois, il y a une certaine crainte en raison des superstitions et des histoires transmises.

Toutes ces découvertes de tiki sont passionnantes. À chaque statue, sur chaque lieu, il y a plusieurs histoires, plusieurs interprétations possibles. Les tikis sont des symboles et ils représentent des ancêtres ou des dieux de la mythologie. Cela ne me gêne pas que les histoires soient différentes selon les guides ou selon les explications que l'on peut en faire. Chacun se fait sa propre idée de ce que la statue représente. Chacun croit ainsi à l'histoire qui le touche ou lui parle le plus.

Pour moi, ces tikis évoquent le lien avec le passé mais aussi les moments forts de la vie. La famille et le lien avec les anciens est sans aucun doute le thème qui m'aura le plus marqué lors de cette journée.

Nous quittons le site pour déjeuner, un repas très copieux chez Marie-Antoinette. Dany prend le repas avec nous. Il est intarissable sur les anecdotes sur sa vie à Hiva Oa. C'est un homme joyeux et il est agréable de passer du temps avec lui.

En quittant les lieux, il arrête le mini-bus en bord de baie. Il nous propose d'aller nous baigner dans les vagues de l'océan ! Cette activité est revigorante : nous éclatons de rire avec les enfants à chaque passage de vague sur nos têtes. Tout le monde est en grande forme et nous nous faisons secouer par les vagues.

De retour sur la plage de sable noir, nous retrouvons le couple avec les deux jeunes enfants que Céline avait abordé. Ils ont eu la même idée que nous de s'arrêter pour profiter des vagues. Celine discute à nouveau avec Alice, la maman et prend son numéro de téléphone. La famille a l'air très sympathique. Ils habitent près de Marseille et sont aussi en congé sabbatique sur l'île de Moorea. Nous nous reverrons, c'est certain ! Cela fait trop de coïncidences pour en rester là. Il a fallu faire connaissance aux Marquises alors que nous sommes voisins de quelques kilomètres depuis plusieurs mois !

Dany nous a préparé des fruits à l'arrière de son véhicule. Il a coupé d'énormes pamplemousses juteux. Nous dévorons les fruits après avoir pris une douche pour se rafraîchir et se débarrasser de l'eau salée de la mer. Nous embarquons pour commercer la route du retour et nos enfants s'endorment après quelques virages seulement.

Une demi-heure plus tard, Dany s'arrête sur le bas-côté de la route.

— Il faut que je vous montre quelque chose !

Il sort sa machette et commence à tailler une branche, puis une autre plus grosse et encore une autre. Avec les deux autres touristes présents, nous avons l'impression qu'il va couper toute la forêt. Un fou rire s'invite dans le véhicule ! Dany apparaît avec une branche du ***purau*** qui fait plus de trois mètres de long et un diamètre de cinq ou six centimètres. Il est maintenant au beau milieu de la route. Il n'y a aucune circulation.

— Regardez bien ! savez-vous ce que c'est ? nous demande-t-il.

— Non, répond une des touristes depuis le véhicule.

Il commence à éplucher l'écorce de la branche. Puis, il tire sur ce morceau d'écorce. Tout se retire facilement et il se retrouve avec une bandelette de trois mètres de long. Il renouvelle l'opération pour obtenir une bandelette blanche et très souple.

— Alors savez-vous, ce que c'est ?

— C'est pour réaliser les costumes traditionnels. Ça sert de bandage pour les costumes des danseurs ! répondons-nous fièrement

— Oui, ça peut servir à ça. Mais nous on l'utilise aussi pour attacher le cochon quand on chasse. On attache les deux pattes arrière à un arbre et c'est plus simple pour le découper, annonce Dany.

La chasse est plus qu'une passion. C'est une nécessité. Elle permet de réguler le nombre d'animaux en divagation sur l'île et elle permet également de nourrir une famille sans dépense d'argent toutes les semaines.

Le purau est effectivement un arbre très utile aux Polynésiens. L'écorce fibreuse, appelée ***more***, permet de confectionner des bandelettes de cordes ou des liens. Ils étaient utiles pour faire des costumes de cérémonie. Tressés, ils pouvaient également servir à fabriquer d'autres accessoires comme des sandales, des filets pour cueillir les fruits ou même des filets de pêche. La feuille de purau est encore utile aujourd'hui pour envelopper la nourriture ou servir d'assiette. Je me rappelle d'ailleurs avoir utilisé cette feuille d'arbre quelques mois auparavant au cours d'un pique-nique lors d'une excursion touristique. Le bois de l'arbre était même également utilisé auparavant pour la construction des pirogues.

Décidément, Dany nous fait découvrir une autre manière de présenter la vie aux Marquises. Il nous parle de son quotidien et des habitudes. Il a une petite exclamation qu'il utilise parfois pour terminer ses phrases qui ressemble à « Hi hiiii ». Il fait ce petit cri sans raison, c'est une sorte de soulagement. Cet homme est réellement adorable, gentil et drôle.

Nous rentrons à l'hôtel après avoir passé une excellente journée. Dany aide chacun d'entre nous à descendre du véhicule avec une attention particulière. Je descends en dernier et en me tenant le bras pour m'aider à sortir du véhicule, il me dit :

— J'espère que la découverte des tikis t'a plu et que cela t'aidera à comprendre notre culture.

— Merci beaucoup pour cette journée, je lui réponds tout en suivant le groupe qui entre dans l'hôtel.

Nous retrouvons notre chambre avec la vue incroyable sur la baie. Après les douches, nous décidons d'aller nous rafraîchir avec un apéritif avant le dîner. Je discute avec un couple d'une trentaine d'années que nous avions salué la veille. Nos tables sont distantes et nous décidons cette fois-ci de les rapprocher pour partager ce moment. Comme souvent dans les hôtels vers 18 heures, c'est « HH ». Nous bénéficions donc du Happy Hour. Pina colada pour Céline, Mojito classique pour moi. Le couple nous suit dans nos choix.

Ils habitent Tahiti et sont également en voyage pour quelques jours sur les îles Marquises. Elle, Jessica, est suisse et a un statut de patente pour exercer son métier de secrétaire médicale. Pour les Français, il est possible de travailler sous contrat comme en métropole. Pour les autres nationalités, le statut de patente est le mieux adapté. Il correspond en quelques sortes à celui d'auto-entrepreneur en France.

Steeve est français et il exerce le métier de pilote d'avion. Les deux trentenaires semblent être ici en voyage de noces. La deuxième tournée arrive, celle qui est offerte. Le mojito et la pina colada sont bien servis. Nous sommes loin des cocktails sans alcool. Après avoir échangé sur nos découvertes au sein des îles Marquises, nous convenons de poursuivre le repas ensemble. Jessica et Steeve doivent d'abord passer un appel téléphonique depuis leur chambre.

Nous profitons de leur absence pour faire dîner les enfants. Ils partageront un plat car les portions en Polynésie sont tellement importantes que nous avons pris l'habitude de commander un seul plat pour deux. Ils sont servis rapidement et décident très vite de débuter la création de quelques dessins. Ils s'installent sur la table située juste à côté de la nôtre pour avoir plus de place.

Jessica et Steeve reviennent et se joignent à nous pour le repas. Nous discutons sur les raisons de venues en Polynésie. Jessica est arrivée sur Tahiti, il y a trois ans pour trouver du travail. Son conjoint devait la rejoindre après quelques mois. Il n'est jamais venu. Steeve est pilote d'avion privé pour le compte d'un homme d'affaires qui possède un hôtel.

Demain, ils partent en bateau pour Fatu Hiva. Ils sont préparés à vivre un trajet incroyable en bonitier avec plus de trois heures de traversée. Après une heure en mer, ils passeront devant Mohotane, une île qui comporte quelques espèces d'oiseaux endémiques. Cette île n'est pas habitée mais des moutons y vivent en liberté. Pour aller chasser le mouton, il faut d'ailleurs demander l'autorisation au maire de Nuku Hiva. La viande de cet animal est servie pour les grandes occasions comme les mariages.

Après avoir passé Mohotane, il restera encore deux heures de navigation. Ils savent que le périple ne sera pas agréable surtout si la houle est importante. Mais la visite de Fatu Hiva semble réellement incroyable et l'expérience mérite ces efforts. Ils n'y sont pas encore et pourtant ils sont déjà séduits. Ils nous parlent de la baie des verges. Ce nom a été donné par les premiers explorateurs en raison de la forme des pics rocheux. Cette baie a ensuite été rebaptisée la baie des Vierges par les missionnaires. Ils vont y passer deux journées et une nuit et revenir par le même trajet, le surlendemain.

Nous passons une agréable soirée à imaginer leur voyage avec eux.

Les enfants sont fatigués et il nous faut mettre fin à la soirée. Nous leur souhaitons une bonne continuation pour la suite des leurs aventures et nous allons rejoindre notre chambre.

Journée du départ, le 22 décembre

Avant de quitter Hiva Oa, Dany nous conduit au centre artisanal qui se situe au village. Pour s'y rendre, il suffit de faire quelques kilomètres depuis notre hôtel en empruntant la route qui descend avec plusieurs virages. Cette route me rappelle la descente qui permet de quitter notre résidence à Moorea. Chaque matin pour aller à l'école, les enfants annoncent en cœur ce qu'ils aperçoivent du haut de notre belle colline : « Le lagon, l'océan et Tahiti ».

Sur la route, nous passons devant la baie qui est décorée avec des bancs en bois qui font face à l'océan. Ils sont construits avec du bois récupéré sur des palettes. Sur l'un d'entre eux est inscrit « *La vie en rose à Hiva Oa* ». Avec Céline, c'est celui sur lequel nous choisissons de nous asseoir. Nous sommes face à l'océan, face aux vagues et dos à la montagne. Selon la philosophie de vie chinoise feng shui, être dos à la montagne protectrice est bénéfique pour toute la famille. Dany nous prend en photo. Ce moment est vraiment spécial. Peut-être parce que nous savons que notre voyage aux Marquises prendra fin aujourd'hui.

Nous remontons en voiture. Les enfants nous y attendent.

Dany nous dépose quelques centaines de mètres plus loin à proximité d'un terrain dédié aux cérémonies culturelles. Nous entrons au centre artisanal où nous découvrons les ***tapas***. C'est un support à base d'écorces pour l'artisanat d'art Marquisien. L'écorce a été frappée afin d'obtenir une étoffe assez fine et presque aussi rigide qu'un tissu. Auparavant, les vêtements de cérémonie étaient confectionnés en tapa. Sur ce support, il y a des décorations et des représentations, comme des tatouages avec des formes géométriques.

Il y en a de toutes les tailles, plus ou moins blanc, parfois marron ou beige.

Nous discutons avec les vendeuses présentes. Une d'entre elles nous montre la création qu'elle réalise en ce moment. C'est une commande spéciale. Le tapa fait presque un mètre et représente une tortue. Après avoir dessiné au crayon les différents motifs qui ont tous des significations différentes, elle utilise l'encre de chine pour peindre le tapa. Elle partage avec nous la signification des différents symboles en nous montrant une photocopie du dictionnaire du tatouage des îles Marquises « *Te Patutiki* » de *Teiki Huukena* (Tiki Edition). Je ne le sais pas encore mais ce livre est en réalité un clin d'œil pour mes futures découvertes.

Nous trouvons également sur les tables d'objets une reproduction du tiki couché taillé dans du corail blanc. Nous avons beaucoup de mal à faire notre choix pour l'achat d'un tapa. C'est beau ici mais est-ce que cela va s'intégrer dans notre décoration, chez nous ? Nous finissons par nous décider et choisissons un tapa de taille moyenne d'environ soixante centimètres. Nous achetons également le tiki taillé dans le corail qui représente le tiki couché.

Dany vient nous récupérer au centre artisanal. Les bagages sont déjà dans le coffre de la voiture et nous prenons immédiatement la route pour rejoindre l'aéroport. Là-bas, Dany nous offre un collier de graines qu'il nous passe autour du cou. Nous nous quittons en nous saluant chaleureusement. La tradition marquisienne est d'offrir un collier de graines au départ et un collier de fleurs à l'arrivée. Sur d'autres archipels, c'est un collier de coquillage qui est offert au départ. Le collier est un véritable cadeau d'au revoir en Polynésie. C'est aussi une invitation à revenir pour ramener les coquillages et à se rappeler les moments passés car il est possible de conserver le collier comme bijou ou comme décoration porte-bonheur.

Je prends en photo une carte qui représente l'archipel des îles Marquises fixée sur un mur de la salle d'embarquement. Je trouve cette carte très claire. Elle me rappelle à quel point nous sommes sur un archipel loin de tout. Nous décollons pour rentrer sur Tahiti.

L'atterrissage à l'aéroport de Faa'a s'effectue sans difficulté. Nous prenons un taxi pour rejoindre l'embarcadère et effectuer notre traversée en ferry pour Moorea. Nous rentrons à la maison.

Je peux partager sans aucune hésitation qu'une semaine n'est vraiment pas suffisante pour découvrir l'archipel des îles Marquises. Il faudra que j'y retourne. Pas tout de suite car je veux garder cette magie des souvenirs récents. Il y a d'autres îles que j'ai envie de découvrir. Chacune semble particulière. Il y aura de nouvelles rencontres que je souhaite réaliser et même des personnes que je souhaite revoir.

Et puis, il me reste ce mystère à éclaircir concernant le message laissé par l'homme au collier de dents de cochon.

Chapitre 7
Le livre « Te Hakamanu »

L'art ne fait pas qu'illustrer, il fait vivre.

Nicolas Robert

Le 23 décembre, le lendemain de notre retour de voyage, nous sommes encore sous le charme de nos découvertes et de nos expériences. Je regarde la vidéo du spectacle de la première soirée à Nuku Hiva lors de la soirée des aînés. Je découvre par hasard que Lily-Rose a également filmé sa maman lors du concours de hakamanu, la danse marquisienne.

Sur la vidéo, j'admire Céline qui exécute les pas de danse de la danse de l'oiseau ! J'ai une trace visuelle de ce moment unique grâce à ma fille. Céline est très à l'aise. Je suis épaté, séduit même. J'avoue qu'encore aujourd'hui, je suis fier de montrer cette vidéo quand je parle de notre voyage aux Marquises.

Je commence mes recherches sur le livre de Lucien Kimitete. Je me renseigne sur l'éditeur et je me connecte au site internet de Haere Po. Je trouve quelques informations intéressantes. On ne peut malheureusement pas commander le livre mais uniquement le DVD. Je découvre aussi en lisant le descriptif du livre que Debora a été parmi les premières à danser le Hakamanu le 13 juillet 1986 à Taiohae.

Finalement, j'envoie un message via ce site internet. Je demande simplement où je peux trouver l'histoire de la légende. Il faut que j'en sache davantage sur ce livre. Je veux aider et participer à quelque chose pour faire connaître cette culture au plus grand nombre. Te

Hakamanu est certainement l'histoire qui me touche le plus parmi les légendes polynésiennes. Elle mérite une plus grande notoriété.

Dans la journée, mon téléphone sonne. J'apprendrai plus tard que c'est Robert Koenig. C'est lui qui gère la maison d'édition depuis plusieurs années. Elles ont été créées en 1981 à Tahiti et elles éditent des ouvrages consacrés à la Polynésie française et au Pacifique.

Il fait référence à mon message laissé via son site internet. Je lui demande comment me procurer le livre. Il me répond que la version audio est toujours disponible sous format DVD mais que le livre est épuisé. Je lui demande :

— Est-ce qu'il est prévu de l'éditer à nouveau ?

— Oui, mais il faut que l'Académie Marquisienne donne son aval sur la traduction des textes.

— Savez-vous si ce travail est en cours ?

— Je pense. Comment avez-vous connu ce livre ?

Je lui explique que je rentre d'un voyage des îles Marquises et que j'y ai rencontré Debora. Je lui dis que je trouve que cette légende fait partie de la culture marquisienne et qu'elle devrait être plus accessible dans les écoles de l'archipel par exemple et pour ceux qui s'intéressent à cette culture. Il m'explique que l'Académie Marquisienne n'existait pas à l'époque de l'écriture de ce livre et qu'il est indispensable que la traduction soit validée afin de pouvoir concrétiser la réédition du livre. Il termine l'entretien en me remerciant d'avoir appelé car pour lui aussi la réédition de ce livre est importante.

Je raccroche et j'appelle immédiatement l'Académie Marquisienne. Facebook est vite votre meilleur ami dans ces cas-là. En Polynésie, ce réseau social est très répandu et il est très courant d'obtenir une réponse rapide et pertinente en posant une question sur un groupe.

J'appelle le numéro trouvé d'une ligne fixe. Pas de réponse. Je laisse un message sur le répondeur. Quelques minutes plus tard, une personne me rappelle. Je réponds. La personne est très gentille et parle avec une voix très douce. Il s'agit d'Edouard, le secrétaire de l'Académie.

J'explique ce que je viens d'apprendre lors de ma conversation avec la maison d'édition concernant la réédition du livre. Il n'est pas au courant mais m'informe qu'il va s'assurer que le sujet soit à l'ordre du jour de la prochaine commission car il lui semble aussi important que ce livre soir réédité. Il me souhaite de bonnes fêtes de fin d'année.

Pendant les fêtes de Noël, nous passons d'agréables moments avec nos enfants. Notre famille en France nous manque un peu mais les appels en visio nous permettent d'échanger sans problème. Céline a même réussi à contacter une de ses grands-mères pour échanger avec elle sur nos aventures polynésiennes depuis quelques mois.

Nous décidons d'organiser le réveillon du Nouvel An chez nous en invitant les personnes que nous connaissons. Nous aurons finalement plus d'une vingtaine d'invités en comptant les enfants pour la soirée du 31 décembre. Nous profitons de l'occasion pour convier Alice et Tristan que nous avions croisés lors de notre voyage aux îles Marquises. Nous passons une agréable soirée. Notre magnifique tiki est mis en évidence sur la table du salon. Tout le monde le trouve très beau avec ses grands yeux. Certains le prennent en main pour le peser ou tout simplement pour admirer les motifs sculptés sur l'ensemble de son corps.

Le lendemain, en rangeant la maison après la grosse fête, je déplace le tiki pour nettoyer la table. J'ai du mal à le remettre en équilibre quand je le repose. Je le retourne et j'aperçois un morceau de papier qui dépasse du trou du pied gauche. Je me rappelle immédiatement la phrase du sculpteur qui avait gravait le nom sur le pied droit : « *pensez à bien fixer le tiki grâce au trou du pied gauche* ».

Je retire le morceau de papier et le déroule pour découvrir l'inscription suivante : « *Les légendes marquisiennes ne doivent pas rester secrètes. Aide-nous à les faire connaître.* »

C'est écrit à la main au crayon de papier. C'est forcément le sculpteur qui m'a laissé ce mot ! c'est incroyable ! J'appelle Céline qui relie avec moi le message plusieurs fois. Nous nous asseyons sur le canapé du salon pour prendre le temps de réfléchir. Les questions fusent. Pourquoi n'avions-nous pas remarqué ce message plus tôt ? Pourquoi et pour qui est ce message ? Est-ce qu'un invité de la veille s'est amusé à glisser ce morceau de papier ?

Non, ce n'est pas possible. C'est forcément le sculpteur. Cette deuxième option me plaît beaucoup plus et je décide de la choisir.

Pourquoi cet homme a-t-il glissé ce mot dans notre tiki ? Est-ce bien lui ? les légendes marquisiennes ne doivent pas rester secrètes ? Est-ce qu'il y a un lien avec le message du danseur rencontré à l'aéroport ?

Je me rappelle encore mot pour mot ce qu'il m'a dit :

« Tu es venu ici pour te distraire et découvrir notre île. Il faut maintenant que tu perces le secret de nos légendes et de notre histoire. Les autres doivent savoir et tu dois leur expliquer. »

Je suis un peu perdu et en même temps excité par cette intrigue. C'est la première fois que quelque chose comme cela m'arrive.

Quelques jours passent. J'en profite pour me documenter sur les légendes marquisiennes. Je me rends compte qu'elles sont nombreuses mais pour autant pas si évidentes à trouver. Il y a bien évidemment la légende de la création des îles Marquises qui explique comment le dieu Oatea a construit en une nuit une maison pour son épouse Ata-nua afin qu'apparaisse la Terre des hommes. Il y existe aussi la légende du cochon Makaia'anui, qui quitte Hiva Oa pour rejoindre l'île de Ua Pou et celle du jeune marquisien Kena qui s'est tatoué sur tout le corps pour reconquérir son épouse Tefi'o.

J'échange sur notre voyage aux îles Marquises à chaque fois que cela est possible avec mon entourage à Moorea. Cela devient un de mes principaux sujets de discussion, y compris avec nos voisins. Je leur parle de ma dernière découverte cachée dans le tiki. Je leur demande leur avis. Ils sont assez perplexes et sincèrement je pense qu'ils hésitent à penser soit que j'interprète des faits, soit que ce message ne m'était pas forcément destiné. J'en arrive moi-même à douter effectivement de ce que j'ai entendu et découvert. D'ailleurs, j'ai même égaré le morceau de papier. Impossible de remettre la main dessus.

Le temps passe et jour après jour, cette intrigue s'estompe peu à peu dans mon esprit. Je n'oublie pas mais cela prend moins d'importance et la vie quotidienne reprend petit à petit sa place dans mon agenda.

À la fin du mois de janvier, je reçois le compte rendu de l'Académie Marquisienne. Aucune mention ne fait allusion à la validation du texte de la légende pour la réédition du livre.

Le jeudi 27 janvier, je contacte l'Académie via leur site internet. Jacques Iakopo Pelleau me répond et m'affirme que l'Académie a mis en conformité le texte de la légende avec sa graphie. L'éditeur vient d'avoir la validation pour pouvoir republier l'ouvrage. Je contacte immédiatement Robert Koenig. Il me confirme la bonne nouvelle ! la réédition du livre est bien prévue et normalement ce sera pour le mois de mai mais l'éditeur va essayer de rééditer le livre pour le mois de mars afin qu'il soit présenté au salon du livre de Nuku Hiva. Il me propose de le rappeler dans quelques semaines pour me donner plus de précisions sur la date exacte. Le contact est très sympathique, la personne est très disponible et j'entends à sa voix que ce sujet le réjouit.

Les jours continuent à défiler et je profite du mois de février. Je commence à écrire sur notre voyage aux îles Marquises. Céline, ma sœur aînée, est venue passer deux semaines de vacances chez nous en Polynésie. Ce sont des moments que j'apprécie d'une part parce que cela fait énormément de bien de revoir ma sœur après de longs mois mais aussi parce que ces moments sont des périodes de vie que nous partageons pleinement, sans beaucoup de préoccupations et en prenant du temps pour partager nos idées et nos états d'âme. Je partage avec ma sœur aînée les quelques pages que j'ai commencé à écrire sur les îles Marquises pour avoir son avis. Elle a la bienveillance d'une sœur pour son frère et m'encourage à continuer tout en me donnant de bons conseils.

Au début du mois de mars, j'écoute une chanson qui me plaît. Je l'ai entendu pour la première fois dans une petite boutique à Moorea. C'est Kauana de Rataro. Je cherche la chanson sur l'application Deezer. L'album est « Tamaterai », à la mémoire de Lucien Kimitete. Cela ne peut pas être un hasard. C'est comme si la musique me rappelait ma mission, mon rôle : je dois aider à faire connaître les légendes marquisiennes !

Le jeudi 10 mars, je rappelle le responsable de la maison d'édition Haere Po. Que dois-je lui dire ? Que dois-je lui demander ? J'aurai la date exacte de sortie du livre. D'accord et ensuite ? Je vais lui demander le prix. Et après ? Je me demande ce que je souhaite faire réellement.

Je réfléchis.

J'imagine acheter cinquante exemplaires. Est-ce suffisant pour les offrir à toutes les institutions marquisiennes, les écoles, les pensions de famille afin que chacun puisse prendre connaissance et garder une trace de cette légende ? Je ne sais pas quel est le tirage et comment les éditions vont diffuser cet ouvrage. Je pourrais aussi le faire découvrir aux personnes de mon entourage. Cela pourrait être une idée de cadeaux pour le prochain Noël ou simplement l'offrir aux personnes qui seront curieuses de nos aventures.

Je pourrais aussi lui demander comment faire pour que ce livre soit mieux distribué en France métropolitaine. Après tout, ce sera plus facile pour moi d'en faire la promotion quand je serai rentré en France. Il faut que je l'appelle et que je lui demande simplement comment l'aider à mieux faire connaître cette légende.

Je compose son numéro et j'ai l'homme en ligne. Je lui rappelle qui je suis et l'objet de mon appel : Le livre « Te Hakamanu » est-il édité ?

Il m'explique qu'il est justement en zone de fret à l'aéroport pour expédier les 100 premiers exemplaires aux Marquises. Il se rend au salon du livre de Nuku Hiva qui est organisé pour la quatrième fois et qui a lieu cette année du 14 au 16 mars.

Je lui demande :

— Est-ce que je peux acheter le livre à Moorea ou à Tahiti ?

— Non pas encore mais à partir du 19 mars, il sera disponible en librairie, me répond-il.

Il me précise que je pourrai le rappeler à ce moment-là pour avoir plus de détails. Nous échangeons sur les caractéristiques du livre, sur le fait qu'il ne soit pas distribué en France et je raccroche en me disant qu'il faut réellement faire quelque chose pour rendre cette légende plus accessible.

Le mercredi 23 mars à 10 h je prends mon téléphone et j'appelle une nouvelle fois le responsable de la maison d'édition qui publie Te Hakamanu. Je me présente et je l'entends sourire au téléphone. J'imagine qu'il sait pourquoi je l'appelle. À peine ai-je le temps de terminer ma phrase qu'il m'informe qu'il va livrer les librairies de Papeete dans l'après-midi.

Je lui fais part de ma satisfaction et je lui propose de nous rencontrer en ville pour faire connaissance et lui parler d'un projet personnel. Il accepte immédiatement. Nous convenons d'une entrevue le mardi suivant et de nous rappeler le lundi pour convenir du lieu exact. Je suis ravi de cet appel.

Le lendemain, Céline a passé la journée en ville, à Papeete, avec des amies. Elle rentre par le ferry de 15 h 40 et je vais la chercher avec les enfants que j'ai récupérés à la sortie de l'école quelques minutes plus tôt. Elle a eu le temps de passer à la librairie Odyssée et d'acheter le livre de la légende marquisienne. Elle m'informe que la libraire est allée le chercher en réserve car elle n'avait pas encore eu le temps de les mettre en vente dans les rayons. Nous rentrons à la maison. Mathis doit réaliser quelques calculs posés et Lily-Rose est missionnée sur un coloriage grand format. Je profite de ces quelques instants de calme et j'attrape mon livre !

Le livre est sous un format plus petit que le celui que j'avais découvert chez Debora avec un côté en français et l'autre en Marquisien. En feuilletant rapidement les premières pages, je redécouvre les couleurs et les représentations visuelles. Je parcours la légende page après page et je relis les mots et les descriptions qui m'avaient marqué il y a plusieurs semaines. Je suis enchanté par ce que je relis.

J'entends à nouveau la musique marquisienne. La mélopée résonne à nouveau. À la fin de la légende, il y a des précisions sur la genèse du livre et sur les rencontres qui ont permis la renaissance de la légende. Il y a des remerciements et aussi des précisions sur l'enregistrement des voix du DVD. Je me dis qu'il faudra que je me procure et que j'écoute aussi le texte présent sur ce DVD. Il y a aussi un témoignage de Debora sur sa première représentation de la danse de l'oiseau devant la population en 1986. Le livre me plaît. La légende me plaît.

L'histoire est une célébration de l'amour. L'amour fraternel d'un frère pour sa sœur mais aussi l'amour entre une femme et un homme et l'amour d'une mère pour son fils. La légende célèbre la danse de l'oiseau qui est en quelque sorte un lien entre le ciel et la terre. La légende nous rappelle la présence de la fête, des chants et de la danse dans la culture marquisienne mais aussi les rivalités entre les hommes des différentes îles des Marquises. L'histoire évoque aussi la grâce, les femmes et la séduction.

Lundi 28 mars, j'ai Robert Koenig au téléphone pour confirmer notre rendez-vous du lendemain. Nous nous verrons à Tahiti au restaurant le Moana vers 11 h. Il m'en demande un peu plus sur l'objet de notre rencontre. Je lui explique que je souhaite faire connaître le livre Te Hakamanu en France.

Le lendemain, je me rends à Papeete par le ferry de 10 h. J'emprunte ensuite les trottoirs qui longent la marina pour m'amener au Moana, qui se situe juste avant les jardins Paofai. À chaque fois que je fais la traversée entre Moorea et Tahiti, je me fais surprendre par l'agitation urbaine de Papeete. Les voitures, les feux de circulation, le bruit de la ville ne me sont plus familiers et me rappellent la chance d'avoir la tranquillité à Moorea. Je choisis une table en terrasse avant que Robert arrive.

Après nous être salués, sa première phrase est :

— Tu fais partie des personnes têtues pour réussir à planifier cette rencontre !

— Je lui réponds qu'effectivement, je ne lâche pas quand je crois en quelque chose.

Nous échangeons pendant plus d'une heure. Je lui explique qui je suis, les raisons de notre venue en Polynésie en famille et notre voyage aux îles Marquises. Il m'explique à son tour son arrivée en Polynésie et sa découverte des Marquises en 1971. Il me donne aussi des informations sur le fonctionnement de la maison d'édition qui publie une centaine de livres dont plusieurs ont pour thème les îles Marquises.

Après avoir discuté longuement et en conclusion de nos échanges, je dois réfléchir de mon côté à comment faire la promotion du livre à mon retour en France. Je suis satisfait de notre échange car c'est la première fois que je rencontre une maison d'édition. Mon entreprise avance et je repars avec beaucoup d'idées en tête.

Le lendemain, je fais des recherches sur la légende de la danse de l'oiseau. Je ne trouve pas beaucoup d'information sur les réseaux sociaux et je prends la décision de créer sur Instagram le compte *hakamanu_danse_de_l_oiseau* afin de commencer à faire la promotion du livre par ce réseau social. Je m'abonne principalement à des personnes marquisiennes qui vivent sur les Îles ou en France mais je m'abonne aussi à des auteurs, des librairies.

Après un mois, j'ai fait quelques publications sur le compte Instagram et j'ai une vingtaine d'abonnés. Disons que cela démarre doucement…

@HAKAMANU_DANSE_DE_L_OISEAU

Mon récit de voyage a pris de la place dans mon quotidien. Je me lève tôt le matin pour écrire. Ce sont pour moi des moments agréables car mon esprit est concentré sans aucune perturbation extérieure. J'ai les idées claires et cela m'aide à écrire sur les îles Marquises.

Je profite de ces moments pour faire également des recherches plus approfondies sur les légendes marquisiennes et sur l'histoire de cet archipel. Je me passionne petit à petit.

Chaque matin, j'assiste au lever du soleil vers 6 h. C'est à chaque fois un moment particulier quand la nuit laisse place au jour. Lors de la brève apparition du soleil sur l'océan, ces quelques minutes deviennent un moment d'émerveillement. Les levers de soleil sont différents chaque jour et les matins recommencent les uns après les autres en apportant leur lot de surprises et de moments de vie agréables.

Les levers de lune observés le soir sont également exceptionnels. Nous avons la chance d'avoir une terrasse qui donne une vue magnifique sur le lagon et la plage de Temae. Nous apercevons l'île de Tahiti située à seulement 18 kms de Moorea. Ce spectacle offert chaque jour est une réelle chance. Je m'étonne d'écrire autant sur mon expérience marquisienne. Les semaines défilent et je continue à profiter de moments en famille et de moments pour moi à Moorea. Je sais que notre voyage va bientôt se terminer. Nous avons planifié notre retour en France pour début juillet. Les billets d'avion pour le vol retour ont été achetés. Cette date nous paraît encore très loin mais nous commençons à réfléchir à ce que nous voulons faire avant de partir de cette île magnifique et si accueillante.

Quelles sont les îles que nous voulons visiter ? Quelles sont les activités que nous voulons faire ou refaire ? Comment profiter au mieux de ces dernières semaines en Polynésie française ?

Céline va participer au Heiva dans le cadre du festival des écoles de danse. Elle s'entraîne de plus en plus pour être prête pour cet évènement qui aura lieu le 04 juin à Tahiti.

De mon côté, je m'inscris au Xterra Tahiti SwimRun qui consiste à parcourir en duo 10 kms de course et 2,5 kms de natation dans le lagon de Moorea. C'est Thierry, mon ami réunionnais qui vit à Moorea, qui sera mon binôme mais aussi mon professeur de natation pour les prochaines semaines !

Je continue également mes entraînements de pirogue polynésienne les vendredis avec l'association « Te Firinape Va'a » dans la baie de Paopao. Cette activité est bien plus qu'une activité sportive. Elle permet d'apprendre l'humilité car il y a toujours un moment où je me sens moins bien physiquement ou un peu décalé par le rythme donné par la pirogue. Il faut alors savoir faire l'effort supplémentaire et aussi se remettre dans le bon rythme, celui des autres rameurs.

Les raisons de notre voyage en Polynésie sont nombreuses mais la principale est que nous voulions nous donner du temps pour partager des moments de qualité avec nos deux enfants. Nous voulions profiter pleinement d'être à quatre, en famille. Égoïstement, je voulais aussi m'occuper de moi et passer plus de temps avec Céline, mon épouse. Ce qui est certain, c'est que nous n'avons aucun regret et que notre famille est unie comme jamais après avoir vécu cette expérience.

Pour passer notre année en congé sabbatique en Polynésie, il a fallu quitter beaucoup de choses et se libérer de certaines contraintes. Il fallait d'abord vendre la maison pour financer le voyage et surtout se dématérialiser. Quelle chance de pouvoir s'alléger ! Nous avons vendu ou donné une grande quantité d'objets, de meubles, de vêtements qui ne nous servaient plus. Cette démarche m'a personnellement fait beaucoup de bien. Il est rare d'avoir des opportunités comme celles-ci de se détacher du matériel. Depuis le début de ma vie professionnelle, j'ai plutôt concentré mes efforts à accumuler des objets. Même si les quelques déménagements avaient réussi à nous alléger, nous avions encore beaucoup trop d'affaires devenues souvent inutiles avec le temps.

En se séparant de la majorité de nos objets, une conséquence imprévue est arrivée : J'ai retiré un poids sur mes épaules, J'ai allégé mon dos. Les souvenirs, les bons moments passés, les fous rire, les larmes sont encore tous présents dans ma mémoire. Mais le poids des objets est retiré. Je me sens plus léger, plus libre d'aller découvrir ailleurs. Finalement, nous avons fait en quelque sorte une préparation comme pour un voyage de Compostelle. Nous nous sommes débarrassés du matériel pour être plus légers et prêts à accueillir l'autre, à faire des rencontres tout simplement.

Il a fallu aussi expliquer aux autres les raisons de notre départ. C'est sûrement le plus difficile car même pour nous il était compliqué d'expliquer nos envies, ce qui nous animait et nous motivait à aller au bout du monde. Il y a ceux qui comprennent et qui nous envient. Certains nous trouvent même parfois courageux. Et puis d'autres qui ne comprennent pas pourquoi nous les quittons.

Jusqu'à fin janvier, il était impossible pour moi de réfléchir et de fixer une date de retour en France. Je ne voulais pas trop y penser ou quelque chose me disait de rester ou du moins de ne pas rentrer. Je prenais plaisir à répondre que notre date de retour n'était pas fixée. Nous avions pris un billet d'avion en aller-simple. Le démarrage de l'écriture de ce livre m'a permis de m'aider à prendre cette décision : je peux retourner en France maintenant !

Ce sera après le mois de juin, après le Heiva des écoles, le festival des écoles de danse de Ori Tahiti. Céline va y participer.

Je me dis que chacun de nous aura appris quelque chose. Pour les enfants et Céline, ce sera sans aucun doute la danse et la musique. Mathis a eu la chance de participer à des cours de danse et de chant avec le conservatoire de Tahiti. Il a une faculté à assimiler qui m'impressionne. Il a une mémoire auditive et retient très bien les paroles et les intonations. Lily-Rose aime la musique sans aucun doute. Elle adore prendre le Ukulele qui est toujours disponible sur le canapé. Même de la main gauche, elle s'amuse à jouer quelques notes. Il faut qu'on l'aide à trouver l'instrument qui va lui plaire plus tard. Ce sera peut-être la danse. Elle nous a aussi montré qu'elle savait danser !

En ce qui me concerne, l'écriture de ce livre sur mon expérience sur les îles Marquises sera comme une trace de notre passage. Notre voyage nous aura enrichis et fait découvrir une autre culture, une autre manière de vivre, plus en harmonie avec la nature et avec les autres. Sans chercher à vouloir sans cesse se projeter, cette manière de vivre est aussi plus agréable et nous essayons de profiter pleinement des moments présents.

Il va falloir rentrer et retrouver notre place en France métropolitaine. Dans la famille, ce sera le plus évident car nous ne les avons jamais quittés grâce aux visites de certains et aux échanges téléphoniques. Il faudra retrouver une place auprès des amis. Nous nous appelons moins souvent et ils ont suivi nos aventures sur notre compte privé Instagram. Comment ont-ils passé cette année ? Est-ce qu'ils ont changé ?

Et puis, il faudra retrouver un « chez nous » qui convienne à tout le monde. Nous voulons plus d'espace, plus de nature, plus de campagne. Mais nous voulons aussi plus de rencontres, plus de temps avec les amis et la famille.

Il faudra aussi trouver une source de revenus et travailler de nouveau. J'ai pris la décision de quitter l'entreprise dans laquelle j'étais depuis dix ans. J'ai pris conscience que je ne voulais plus faire de compromis entre ma vie professionnelle et personnelle. C'est peut-être pour moi le bon moment pour réellement entreprendre et ainsi avoir plus de liberté au quotidien.

Toutes ces contraintes et ces challenges à venir ne me paraissent pas du tout insurmontables. J'ai envie de continuer à m'occuper de moi, de ma famille. J'ai aussi envie d'aider les autres. J'ai trouvé ou plutôt retrouvé une liberté, une sorte d'insouciance. C'est peut-être cela que j'étais venu chercher en Polynésie tout en nous libérant des attachements matériels.

C'est vrai que je me suis senti plus libre aux îles Marquises et sur les îles polynésiennes en général. Il m'aura fallu plusieurs mois pour retrouver des réflexes aussi simples que la politesse, la générosité, la facilité de mise en relation des personnes les unes avec les autres. Il a fallu cette mise en pratique pour renouer avec des relations sincères. Ici, tout est plus « pacifique ». Par exemple, je m'arrête presque à chaque fois quand je rencontre une personne qui fait de l'auto-stop sur le bord de route. La plupart du temps, c'est une belle rencontre. En rendant service à quelqu'un, je pense voir sa meilleure facette et je donne aussi une meilleure facette de moi-même.

Est-ce que les rencontres aux Marquises m'ont fait prendre à nouveau conscience de cela ? Oui, sans aucun doute. Ce voyage m'a aidé à me rappeler celui que je pouvais être.

C'est aussi plus facile pour moi de planifier le retour en France parce que je pense que je reviendrai un jour aux Marquises. Tout d'abord, pour visiter les autres îles habitées comme Ua Pou, Ua Huka ou Fatu Hiva, mais aussi pour retrouver ces contacts et ces échanges avec les Marquisiens. J'ai réellement apprécié faire de nouvelles rencontres et vivre de nouvelles expériences.

En réalité, ce n'est pas une déconnexion mais une reconnexion avec les choses simples, les relations sincères et le plaisir d'être ensemble. On donne et on partage sans attente d'un retour. J'emmènerai à nouveau mes enfants quand ils seront plus grands. Ce sont des valeurs que je souhaite leur partager davantage. Et puis, il faudra monter à cheval pour parcourir quelques sentiers sans avoir à marcher !

Les Marquisiens ont réussi à conserver leur identité et continuent à la partager avec générosité. Ils sont attachés à leur terre. Dans leur histoire, dans leur manière de partager leur culture, oralement mais aussi avec leurs sculptures et même avec les tatouages sur leur peau. Ils m'auront fait vivre une expérience inoubliable.

Nous étions venus aux Marquises pour le voyage, pour les histoires du passé, tout simplement pour les découvertes. Je suis reparti de cet archipel comblé avec ma découverte de « Te Hakamanu ». J'ai une trace dans ma mémoire mais j'ai aussi la possibilité de faire connaître cet archipel grâce à cette légende. Je repars aussi en ayant réveillé chez moi une envie de mieux faire. Cette envie passe dans un premier temps par ce livre. C'est une étape. Je suis persuadé qu'il y aura d'autres décisions, d'autres choix. L'envie d'entreprendre est plus grande chez moi.

J'ai aussi besoin de garder le contact avec cette nature qui nous entoure, qui nous accueille. Les paysages des îles hautes des

Marquises mais aussi les coraux dans le lagon bleu de Moorea sont des souvenirs qui me sensibilisent davantage à l'environnement.

J'ai vécu des expériences qui démontrent qu'il est possible de vivre mieux avec moins. Qu'il est possible de prendre du plaisir avec des choses simples. J'ai envie d'essayer d'agir différemment. Je ne culpabilise pas des années passées et des pratiques qui me paraîtront certainement anormales demain. J'ai envie de changer quelque chose pour demain justement, pour moi et pour mes enfants.

Chapitre 8
Les personnes qui se retrouvent

L'humanité est fondamentalement faite de rencontres.

Abderrahmane Sissako

À la fin du mois d'avril, mon envie de retourner aux îles Marquises pour retrouver l'ambiance, la liberté, les relations simples avec les habitants est très forte. Je ne suis pas très loin de cet archipel en étant à Moorea. Quand je serai rentré en France, cela me paraîtra presque impossible !

Début mai, je décide d'assister à la journée hommage dédiée à Lucien Kimitete après les 20 ans de sa disparition qui aura lieu toute la journée du samedi 21 mai à Taiohae sur l'île de Nuku Hiva. C'est grâce à lui, l'auteur qui a écrit, que j'ai découvert la légende de la danse de l'oiseau et que ma passion pour les Marquises est née. C'est une excellente occasion !

J'ai découvert l'organisation de cet évènement sur le réseau Facebook. Lors de cette journée, il y aura des animations et des danses. Ce sera pour moi l'occasion d'assister à une fête locale mais aussi de profiter de mon voyage pour revivre l'atmosphère marquisienne et aussi d'échanger sur la légende de la danse de l'oiseau avec des personnes qui vivent sur place et d'autres qui seront certainement présentes pour cet évènement. J'ai besoin de retourner à Nuku Hiva pour comprendre ce qui m'est arrivé et aussi pour renouveler l'objet de ma mission.

L'écriture de mon récit de voyage n'est pas achevée et j'ai même un peu de difficulté à trouver la fin de l'histoire, la fin de mon histoire en Polynésie. Je suis déjà nostalgique de quitter la Polynésie française. Retourner aux Marquises me paraît être une très belle opportunité pour m'imprégner à nouveau de l'ambiance, de l'histoire, des personnes et de la nature aussi. Je décide de partir seul car le coût du voyage est trop important pour repartir en famille.

Il m'est impossible de trouver des billets d'avion pour Nuku Hiva aux dates qui m'intéressent. Je finis par me rendre au bureau d'Air Tahiti à l'aéroport de Moorea pour mettre une option sur un billet en liste d'attente. Je me dis que si le destin accepte que je parte à nouveau aux Marquises, un billet se libérera !

Le 10 Mai, je profite d'un passage à Papeete pour me rendre au bureau d'Air Tahiti. La personne m'informe qu'il y a neuf personnes en liste d'attente avant moi pour le départ du vendredi 20 mai. Par contre, le lendemain, il n'y a que deux personnes sur liste d'attente. Je décide de changer mon billet pour le samedi. Je manquerai le début de la journée mais je veux absolument me donner la chance d'y aller.

Le lendemain, mon billet est validé par Air Tahiti !

J'envoie immédiatement un SMS à Debora pour la prévenir de ma visite. Elle est ravie à l'idée de me revoir et j'en profite pour lui demander de l'aide pour trouver un hébergement. Je suis très enthousiaste à l'idée de retourner sur la terre des hommes. Je vais pouvoir faire de nouvelles rencontres et revivre cette atmosphère si particulière.

Ce matin-là, le soleil s'est levé à nouveau comme chaque jour mais la vue depuis ma terrasse est différente. Les levers de soleil ont quelque chose de magique mais celui-ci est encore plus particulier. Je pense apercevoir des étoiles encore présentes dans le ciel éclairé.

En réalité, pas du tout : ce sont Vénus, Jupiter et Mars qui sont alignées ! « Les planètes sont alignées ». Cette expression est donc bien une réalité. Grâce à l'application Skyview sur mon smartphone, j'ai redécouvert le ciel ! J'ai le sentiment d'être chanceux et que les éléments naturels m'envoient des signes positifs. Céline est à mes côtés pour assister à cet alignement des planètes qui animera notre journée.

Le 13 Mai, j'ai une conversation avec Debora au téléphone. Elle m'encourage à essayer d'arriver dès le vendredi pour ne rien perdre de la journée du samedi. Elle me conseille de me présenter directement au guichet d'embarquement car souvent des personnes ne se présentent pas à l'embarquement et il est possible de prendre leur place en dernière minute.

C'est vrai que depuis quelques jours, je me dis que le voyage sera très rapide : arriver le samedi midi et repartir le lundi midi est vraiment un trop court séjour. En même temps, je ne veux pas quitter ma famille pour un trop long moment non plus. J'appelle Air Tahiti et je demande à nouveau une option en liste d'attente pour un départ le vendredi.

Je contacte mon ami Dominique qui habite à proximité de l'aéroport de Faa'a. Il accepte sans problème de m'accueillir la veille du départ pour faciliter mon voyage.

Le dimanche, Debora me fait parvenir le numéro d'une pension. Elle me conseille de la contacter car elle a encore de la place pour m'accueillir. Je l'appelle immédiatement et je bloque la chambre pour les nuits de vendredi, samedi et dimanche. Il faut vraiment que j'arrive à partir vendredi matin ! Je suis très heureux de me rendre à Nuku Hiva.

Après le week-end, je décide de prendre contact avec Edouard, le secrétaire de l'Académie marquisienne, pour qu'il me donne les coordonnées de Jaques Iakopo Pelleau. J'obtiens son numéro.

Je le contacte pour lui faire part de mes recherches sur la danse de l'oiseau et plus largement sur les légendes marquisiennes. Nous convenons de nous rencontrer samedi matin sur le site de l'évènement en hommage à Lucien Kimitete. Il est très loquace et je pense qu'il aura beaucoup d'informations à me donner sur la culture marquisienne, la langue et son histoire.

Je contacte également Priscille, la professeure de danse de Hakamanu. Elle m'avait communiqué l'adresse de son compte Facebook pour la location de véhicule quand nous étions allés en décembre. Elle pense qu'il est compliqué de prévoir un rendez-vous à l'avance en raison de l'évènement mais elle essayera de trouver un moment de libre pour qu'on puisse échanger. Nous convenons que je l'appelle pendant le week-end.

Je continue à animer le compte Instagram dédié au livre en réalisant de nouvelles publications. Je prends en photo mon tiki avec le livre de la légende Te Hakamanu en précisant en commentaire :

« Faites comme les tikis, prenez le temps de redécouvrir la légende marquisienne de la danse de l'oiseau. ». #hakamanu #dansedeloiseau #terredeshommes #legende »

Le post est liké par plus de 30 personnes.

Mercredi, deux jours avant mon départ, je reçois un message qui m'annonce que la place est libérée pour mon décollage le vendredi. Je suis dans un état euphorique. C'est le mana qui m'a aidé ! Tout est OK pour mon départ : l'hébergement, le vol, les quelques contacts déjà pris. C'est parfait ! Je passe une bonne partie de la journée avec le sourire aux lèvres.

Le jeudi 19 mai, je me lève tôt et je prends une photo du soleil qui se lève. Il est 5 h 42. L'horizon est rouge vif. Quelques palmiers laissent apparaître leurs silhouettes. Le lagon est très calme ce matin. J'ai réveillé Céline qui a dû m'entendre ouvrir la porte de la terrasse. Elle me rejoint pour admirer le soleil levant. Nous mesurons la chance que nous avons de vivre à Moorea.

En fin de journée, Dominique vient me récupérer à l'embarcadère de Papeete. Geneviève a préparé un bo bun avec des boulettes de viande pour le dîner ! Je me régale car j'adore ce plat depuis que je l'ai découvert au Vietnam. Les discussions avec mes hôtes du soir sont très agréables et nos échanges tournent autour de la Polynésie et de la famille principalement.

Pendant le repas, je fais découvrir la légende de la danse de l'oiseau à Aidan, le fils de Geneviève et de Dominique qui a huit ans. Il lit le texte avec une grande concentration et à la fin de la lecture, je lui demande ce qu'il a retenu et ce qu'il a compris. En discutant avec lui, j'ai la voix qui tremble. Je me ressers une bière. C'est étrange comme sensation, j'ai remarqué que j'étais très ému à chaque fois que je parlais de la légende.

Aidan me confie qu'il a compris que la danse de l'oiseau avait permis de libérer le garçon qui était prisonnier. La danse permet de libérer l'enfant, elle permet que l'enfant devienne un homme. C'est certainement une interprétation possible de cette légende.

Pour moi, la danse permet de réunir, de rassembler et pourquoi pas de libérer les prisonniers. Elle est présente pour fêter les victoires et elle permet de se rappeler les bons moments. Elle permet aussi d'exprimer avec le corps ce qu'on ne peut pas exprimer avec les mots.

La soirée est très agréable et nous allons nous coucher vers 21 h 30.

Je n'arrive pas à trouver le sommeil. En parcourant quelques informations sur mon téléphone, je tombe sur l'émission hebdomadaire *Tamarii Tahiti nui*. Aujourd'hui, Aniata s'est exprimée pour expliquer le déroulement de l'évènement dédié à la commémoration de son père Lucien Kimitete. Je regarde l'émission de Polynésie la première en replay et découvre également l'interview de Pierre Cosso qui évoque les différences culturelles entre la France et la Polynésie. Il a appris à vivre au présent et il explique : « En France, quand on est gamin, on vous apprend tout de suite à travailler, à devoir travailler pour aller mieux. On passe son temps à se projeter. Ça s'appelle l'ambition. En Polynésie, je pense que la nature est tellement forte, tellement belle, que les gens vivent au présent. Ce n'est pas donné à tout le monde et je pense que le bonheur est dans le présent ». Je m'endors avec cette idée de vivre au présent, de bonheur au présent.

Le lendemain, je décide de me lever vers 3 h 30 car je suis déjà réveillé depuis quelques minutes. J'avais programmé le réveil à 4 h mais je n'en ai pas eu besoin tant l'excitation du départ était grande. Je quitte sans faire de bruit la maison de Dominique et Geneviève pour me rendre à pied à l'aéroport.

À 4 h 20, j'y suis. Je pense que je suis le premier à valider mon enregistrement pour le vol de Nuku Hiva. Je retire un peu d'espèces pour assurer mes dépenses pour ce week-end de quatre jours. Je prends un café tout en mesurant la chance que j'ai d'être là, prêt à embarquer pour les Marquises pour la deuxième fois en moins de six mois.

Je suis assis à la terrasse du bar l'aviateur et j'en profite pour jeter un œil sur l'écran qui annonce les vols au départ de Papeete. Le tableau d'affichage annonce le vol VT 825 pour Nuku Hiva. C'est le premier de la liste avant les destinations de Bora Bora, Maupiti, Huahine, Manihi et même Los Angeles qui est prévu à 7 h 40.

Les voyageurs défilent devant moi parfois pour prendre une boisson ou pour courir s'enregistrer. Un écran géant diffuse un reportage sur les îles Marquises. Les images défilent : citrons, chevaux, raies, montagne et océan. Il y a aussi des fleurs, des poissons, des oiseaux, des tikis et des noix de coco. Les images sont splendides. Le documentaire est réalisé par « The Explorers Network ». Je découvre que c'est une communauté engagée qui réalise un inventaire du patrimoine et des merveilles naturelles, culturelles et humaines de la terre. Leur credo me parle : « mieux connaître pour mieux protéger ».

J'embarque dans l'ATR qui compte exactement 72 places assises. Je m'endors avant même d'avoir eu le temps de profiter du décollage. J'ouvre un œil suite au message du commandant de bord qui annonce que nous survolons Rangiroa. Je suis à gauche, côté hublot, et effectivement la vue de l'atoll est superbe. Quelques dizaines de minutes plus tard, c'est Manihi que j'aperçois. L'atoll est plus petit et tout autour c'est le grand bleu. Je revis des moments du voyage que j'ai effectué quelques mois auparavant en famille.

C'est l'heure du club sandwich « dinde-fromage-salade » d'Air Tahiti. Il est emballé dans une feuille de papier alimentaire. Je le dévore en un temps record. Je suis surpris par le nombre de passagers car l'avion n'est pas du tout complet. Cela fait deux semaines que je cherche à trouver une place dans ce vol et voilà qu'une dizaine de places sont encore disponibles !

Je prends le temps d'écrire les quelques questions que j'aimerai poser à mes interlocuteurs que je dois rencontrer ce week-end.

— Connais-tu la légende de la danse de l'oiseau ?
— Qu'est-ce qu'elle exprime pour toi ?
— Connais-tu la danse de l'oiseau ?
— Comment peut-on définir les Marquisiens et leur mode de vie ?
— Connais-tu des chanteurs marquisiens actuels ?
— Connais-tu des légendes marquisiennes ?
— Qui les connaît ? Comment les trouver ?

Dans l'avion, je me retrouve plongé dans mes souvenirs. Je me rappelle mon premier voyage au Canada en 1996 à l'âge de 19 ans. J'avais traversé l'Atlantique pour rejoindre des amis qui débutaient une année universitaire à l'étranger. Je me souviens encore très bien de ma place dans l'avion et de ma voisine, une dame âgée avec qui j'avais échangé pendant une longue partie du voyage. Elle m'avait encouragé à voyager un maximum pour découvrir d'autres cultures, d'autres personnes. C'était pour elle la plus grande chance que l'on pouvait s'offrir. Elle serait ravie de me voir dans cet avion.

Je me rappelle aussi mon premier voyage en Chine en 1997. J'étais parti pour deux mois à Pékin avec pour objectif d'apprendre à parler chinois mais j'y allais surtout pour découvrir cette civilisation si différente de notre culture occidentale. J'étais très curieux et ouvert sur les autres à cette période.

« Les voyages forgent la jeunesse » comme dit l'expression. Ce que je retrouve aujourd'hui dans cet avion à destination des Marquises c'est cette envie de découvrir, cet état d'esprit curieux et un peu aventurier. Je rajeunis.

Je demande à l'hôtesse pourquoi l'avion n'est pas complet. Elle ne le sait pas. Un peu plus tard, je la questionne de nouveau pour savoir s'il est possible de demander au pilote ou au copilote de venir échanger avec moi pendant le vol. J'ai quelques questions à leur poser sur le remplissage de l'avion mais aussi sur les Marquises. Après tout, ils doivent faire le voyage régulièrement et ils ont peut-être un avis sur la danse de l'oiseau, eux qui pilotent un ATR, une sorte de grand oiseau !

Quelques minutes plus tard, le pilote vient s'asseoir sur le siège disponible à côté du mien :

— Tu as des questions à me poser ?

— Oui, répondis-je, un peu surpris mais très content de le voir assis à mes côtés.

— Connais-tu la danse de l'oiseau ?

— Pas particulièrement mais j'ai déjà vu la danse.

Je me rends compte que mes questions sont peut-être un peu trop directes. J'oriente mes questions sur la capacité en nombre de passagers de l'avion. Après tout, son expertise est plutôt sur ce sujet.

Il rentre alors dans une argumentation très précise et m'explique que sur un total de 23 tonnes, le poids se répartit de la manière suivante :

- 13 tonnes pour l'avion
- 3,5 tonnes de carburant
- 0,5 tonne de fret non prioritaire
- 6 tonnes pour le transport des passagers.

Un Polynésien pesant en moyenne 92 kgs auxquels on ajoute 10 kgs de bagages, le calcul est assez simple. Il peut emmener 58 passagers au maximum pour rester sous les 6 tonnes autorisées.

Comme les Marquises sont éloignées de Tahiti, l'avion ne pourra donc jamais être au complet. Pour les vols vers l'archipel des Tuamotu, cela ne pose aucun problème et il n'est pas nécessaire d'emmener autant de carburant car l'archipel est moins éloigné de Tahiti. Il termine ses explications en ajoutant qu'en fonction des conditions climatiques et notamment du sens du vent, il peut faire varier le niveau de carburant afin d'emmener plus de fret ou plus de passagers si certains sont présents pour embarquer. Je le remercie pour toutes ses explications et nous échangeons encore quelques informations sur les îles Marquises. Puis, il prend congé pour retourner à son poste de pilotage.

Le vol continue et quelques dizaines de minutes avant l'atterrissage, l'hôtesse me demande de l'accompagner pour aller voir le pilote. Je suis étonné mais je me lève pour la suivre jusqu'au cockpit. Le pilote me propose d'assister à l'atterrissage depuis le strapontin situé entre le siège du pilote et celui du copilote. J'accepte évidemment et je me retrouve, avec un casque sur les oreilles, sur le siège au milieu des commandes de l'ATR !

Le pilote a voulu me faire plaisir pour profiter de l'atterrissage mais aussi de la vue sur les îles Marquises. Le ciel est dégagé et j'aperçois Nuku Hiva en face et sur ma droite, Ua Pou et Ua Huka. Le spectacle est magnifique et il est accompagné des commentaires du pilote pendant que le copilote gère les consignes d'atterrissage avec l'aéroport du Nuku Hiva. Je profite de la vue et me dis que décidément ce voyage démarre très bien !

Je discute encore quelques instants avec le pilote jusqu'à ce que les passagers débarquent. En me saluant, il me dit :

— Concernant la légende de la danse de l'oiseau, je ne t'ai pas répondu tout à l'heure mais je pense que tu es au bon endroit pour trouver la réponse à tes questions.

— Merci beaucoup pour cet atterrissage et pour cette expérience. Au revoir.

Je descends en dernier sur le tarmac du Nuku Hiva avec une grande satisfaction qui doit se voir sur mon visage. Cette fois, je ne prends pas de photo de l'aéroport mais pour me souvenir de cette belle expérience je photographie l'avion et son pilote qui me fait signe de la main.

Mon taxi est déjà présent et une personne m'attend dans le hall. C'est Pascale qui va assurer mon transfert jusqu'à ma pension. Elle doit récupérer quelques colis qui sont arrivés par le fret et ensuite nous partirons pour Taiohae. J'en profite pour aller acheter une bouteille d'eau fraîche. Des citrons sont à vendre, je me dis que j'en achèterai à cet endroit avant de repartir lundi.

En attendant Pascale devant son véhicule, je croise le regard d'un jeune homme qui est tatoué au niveau des yeux. Un rectangle noir encadre son œil droit et des croix sont tatouées sur une bande horizontale qui traverse son visage au niveau du nez. Le tatouage sur le visage est très original. Nous nous regardons et nous nous saluons comme si nous nous connaissons.

Pascale arrive avec ses colis qu'elle charge dans son véhicule et nous démarrons notre route pour Taiohae. J'entame rapidement la conversation et je lui explique les raisons de ma présence à Nuku Hiva. Elle partage avec moi qu'elle a trois enfants dont une fille qui a 19 ans et qui poursuit ses études à Dijon. Nous nous arrêtons au premier point de vue, celui qui permet d'apercevoir la vallée recouverte de pins et qui ressemble à un canyon. Le ciel est tellement dégagé que nous apercevons l'île d'Eiao. C'est l'homme au tatouage sur le visage qui me l'annonce alors que nous nous croisons sur ce point de vue. Il accompagne d'autres visiteurs et il a garé son véhicule à côté du nôtre. Décidément, on se croise deux fois en moins de 30 minutes.

De nouveau sur la route, Pascale m'informe qu'elle fait partie des 150 personnes de Nuku Hiva qui participeront au Matavaa, le festival qui aura lieu à Fatu Hiva en juillet prochain. Le nombre de participants est limité en raison de la taille de l'île. C'est pour elle une opportunité d'aller découvrir l'île voisine qu'elle ne connaît pas. Cette année, le thème choisi par le festival est celui de la langue.

Le trajet passe très vite et je suis absorbé par ma discussion avec Pascale. Heureusement, quelques chevaux bloquent la route et me rappellent d'observer les paysages et l'environnement qui sont si beaux et si naturels.

Nous échangeons sur les danses du festival et en particulier sur la danse de l'oiseau. Cette année, le costume pour la danse de l'oiseau doit être confectionné avec des plumes blanches. Ce n'est pas du tout évident à trouver. Pour choisir qui dansera le Hakamanu, il est d'abord demandé aux danseurs qui est volontaire. Après une période de formation et d'entraînement, c'est le chef de danse qui décide et valide les danseurs pour le spectacle.

Je continue à questionner Pascale qui est intarissable. À chaque festival, les îles interprètent une nouvelle musique avec une chorégraphie revisitée. Chaque île a son style. Je lui demande si c'est sous forme d'un concours avec un classement ou s'il existe une évaluation. Pascale me répond que chaque île est fière de présenter ses danseurs, ses danses et que c'est un moment de partage sans évaluation ni jugement par les autres. La rivalité entre les îles est largement suffisante pour que chacun donne le meilleur afin d'être le mieux représenté ! C'est un moment de partage et en aucun cas une compétition.

Pascale va danser avec sa fille et son fils. Elle doit donc préparer plusieurs costumes pour ce festival. Elle partage avec moi que c'est un travail très important qui demande beaucoup de temps.

Le trajet est passé très vite et Pascale me dépose devant ma pension, chez Mel. Nous nous saluons comme si nous étions certains de nous croiser de nouveau lors du week-end. Après quelques minutes, je fais connaissance avec Melline chez qui je vais passer trois nuits et je dépose mes affaires dans ma chambre. Je décide de descendre dans le village pour trouver un endroit pour déjeuner.

En descendant à pied vers le centre qui se trouve le long de la baie, je retrouve les odeurs de la végétation. Je croise des chevaux dans les jardins et je ressens à nouveau cette atmosphère si particulière où le calme est puissant. Je suis à nouveau aux Marquises, cela ne fait aucun doute !

Après un repas pris à la boulangerie, je me rends à la bibliothèque municipale pour feuilleter quelques pages de livres. Je partage avec la bibliothécaire, Tehina, les raisons de ma présence et je lui explique que je cherche à connaître les légendes marquisiennes. Nous échangeons et elle me dévoile la légende de la huitième île où vivent des Marquisiens. Cette île aurait été retournée par un requin et n'est plus habitée. Cette légende n'est pas écrite et elle lui a été transmise par sa famille.

Elle m'informe que beaucoup de familles marquisiennes ont en leur possession la connaissance de légendes mais que la plupart du temps, ces légendes ne sont pas écrites. Si elles le sont, elles sont conservées comme un trésor.

Après plusieurs minutes de discussion, elle s'excuse de devoir ranger la bibliothèque car quelques enfants vont arriver pour leur cours de langue marquisienne. C'est elle qui assure le cours hebdomadaire et je lui demande si je peux y assister. Elle accepte volontiers.

Les enfants sont âgés de six ou sept ans. Ils arrivent et s'asseyent autour d'une grande table basse. Tehina a préparé une feuille pour chacun où l'on trouve la leçon du jour. J'ai retenu qu'en Marquisien, chaque lettre se prononce, y compris le « h » et que la prononciation est très accentuée.

E AHA TO OE HAKATU ?	(Comment vas-tu ?)
MEITAI	(bien)
O AI TO OE IKOA ?	(Comment t'appelles-tu ?)
O .... TOU IKOA	(Je m'appelle…)
E HIA EHUA TO OE ?	(Quel âge as-tu ?)
E HITU EHUA TO AU	(J'ai 7 ans)

Après un gros quart d'heure, les enfants ont retenu la leçon et ils commencent à chantonner et à dessiner. L'ambiance est moins studieuse et les enfants sont de plus en plus dissipés. Ils chantent même un cri de ralliement qui ressemble à cela :

— Tanaoa etua kakiu

— Hui !

— Tanaoa etua kakiu

— Hui !

— Tanaoa etua kakiu

— Hui ! Hui ! Huia !

Tehina décide de les emmener à l'extérieur pour les faire danser et chanter avant que le cours dégénère. Les enfants semblent avoir besoin d'une activité plus physique. Nous nous retrouvons sous le préau qui fait face à la bibliothèque.

La bibliothécaire est maintenant assise au centre et elle a sur les genoux une chaise d'enfant qui fait office de tambour. Elle demande aux enfants de s'aligner et elle commence à jouer du tambour et à chanter. Les enfants l'accompagnent en chantant et commencent à danser.

Après quelques minutes, j'assiste à la danse de l'oiseau.

Je me pince. C'est bien réel !

Les cinq enfants dansent la danse de l'oiseau sous le rythme donné par Tehina. Elle accompagne les battements effectués sur une chaise en bois avec les paroles de la danse de l'oiseau que j'avais découverts quelques mois auparavant. Les quatre garçons exécutent les pas de la danse de l'oiseau de manière très rythmée et rapide tandis que la jeune fille est beaucoup plus gracieuse. Je prends le temps d'apprécier ce moment improbable à peine quelques heures après mon atterrissage.

Le cours se termine et les enfants repartent avec leurs parents ou grands-parents venus les récupérer. Je reste encore un peu dans la bibliothèque pour feuilleter « l'art du tatouage aux îles Marquises ». J'apprends qu'aux Marquises le terme utilisé pour le tatouage est

« patutiki » qui signifie « frapper des images ». Je découvre que les tatouages étaient accompagnés de chants pour encourager et pour distraire le jeune tatoué. Je me suis noté celui-ci qui m'a fait sourire : c'est le chant de Hanahi, sur la côte nord de Hiva Oa, recueilli de la bouche de Kiimaiha :

« Nous te frappons, oui nous te frappons un motif, oui ! Qui sait, qui viendra admirer le tatouage du gaillard ? Une jolie femme viendra, oui, admirer le tatouage du gaillard, qui sait ! Alors, tiens tes couilles ! »

Je remercie Tehina pour m'avoir donné ma première leçon de langue marquisienne et je la félicite pour ce qu'elle fait. Elle finit par me donner le nom de Teiki Huukena. Je me rappelle que ce nom est celui de l'auteur du livre sur les tatouages que m'avait présenté la femme qui réalisait les tapas à Hiva Oa. C'est également lui qui a créé l'école de tatouage à Nuku Hiva.

Tehina m'informe également que Heretu Tetahiotupa pourra certainement m'aider car il a réalisé un documentaire sur le tatouage Marquisien et il a commencé à faire des recherches sur les légendes. Elle m'informe qu'il est certainement présent à l'école de tatouage qui se trouve un peu plus haut sur la route, à quelques dizaines de mètres de la bibliothèque.

Je la remercie et je m'y rends immédiatement.

Je trouve l'école mais on m'informe qu'Heretu n'est pas présent pour le moment. Je rebrousse chemin pour m'arrêter chez un loueur de vélo que j'ai aperçu en passant devant la boutique. Je me dis que pour le week-end cela me permettra d'être plus mobile et plus rapide lors de mes déplacements.

Je fais la connaissance d'Atohei qui me conseille sur les vélos disponibles et j'opte pour un VTT avec assistance électrique qui me permettra probablement de faire une petite randonnée dimanche. J'en profite pour lui demander si elle connaît Heretu. Elle acquiesce et elle me donne volontiers son numéro de téléphone que j'enregistre dans les notes de mon smartphone.

Sans tarder, je chevauche mon VTT et me rends au centre artisanal. J'ai pour mission de trouver un tiki sculpté en bois pour mes amis Alice et Tristan de Moorea. Depuis qu'ils ont vu le nôtre au Nouvel An, ils en veulent un aussi en souvenir de leurs voyages aux îles Marquises de fin décembre. Il y a plusieurs modèles de tiki, de différentes tailles. Je discute avec la vendeuse présente pour en savoir un peu plus sur les sculptures exposées et pour m'assurer des horaires d'ouverture du lendemain. Je les prends en photo pour pouvoir les envoyer ce soir grâce au wifi de la pension. Je passerai demain récupérer celui qu'ils auront choisi.

Depuis que nous sommes en Polynésie, j'ai choisi un forfait téléphonique prépayé et je n'ai pas activé l'utilisation de la data. J'utilise mon téléphone uniquement pour les appels et l'accès internet est donc limité dans les lieux avec le Wifi. Cela m'a obligé à ne plus être tenté ou dérangé par le flot d'informations disponible sur internet. Je m'exerce ainsi à vivre le moment présent sans être perturbé par les informations de l'extérieur, souvent inutiles.

Je me dirige vers le snack « le petit quai » qui se trouve à proximité du port de pêche. Il fait chaud et je prends une bouteille de citronnade avant de m'asseoir sur les tables en bois. Je me souviens que nous nous étions arrêtés à ce même endroit lors de notre séjour en famille. La citronnade est toujours aussi incroyable. Je profite de ce moment de détente pour contacter Heretu par téléphone. Il accepte sans problème de me donner rendez-vous le lendemain. Il m'informe qu'il sera présent sur le stand de tatouage où aura lieu une démonstration lors de l'évènement commémoratif pour Lucien Kimitete.

Je profite d'avoir le téléphone en main pour contacter également Priscille, la danseuse. Elle doit justement conduire sa fille au cours de danse qui n'est pas très loin du quai. Elle propose de nous retrouver à cet endroit dans trente minutes si cela me convient. C'est parfait.

Quelques coups de pédales plus tard, je discute avec Priscille sur la danse de l'oiseau. Elle est d'abord surprise par mes questions et ma démarche mais finalement la tension se dissipe et elle m'explique quelques-uns des mouvements de la danse. Les bras tendus, les bras parfois repliés mais toujours sur la pointe des pieds pour mimer les ailes et la légèreté de l'oiseau.

Selon les îles des Marquises, la musique et les pas de danse peuvent être différents. À chaque fois, c'est une nouvelle interprétation. Il peut y avoir plusieurs danseuses qui assurent différents passages. Cette année, l'oiseau qui a été choisi pour le Matavaa de Fatu Hiva est le Pitake avec des plumes blanches.

Je la remercie pour ses explications et en fin de journée, je décide de me rendre chez Debora pour la saluer. J'y suis en quelques coups de pédale. Debora n'est pas disponible mais Aniata est présente. Elle prend le temps de discuter avec moi-même si elle est occupée à la préparation des récompenses pour les animations prévues le lendemain. Je fais également connaissance avec une de ses sœurs et son beau-frère. Je sens que la pression de la veille des grands évènements est palpable et je décide de les laisser en famille en leur proposant mon aide si cela est nécessaire pour le lendemain.

Je termine ma journée par un repas pris à la roulotte qui se trouve à proximité de la baie. J'y croise Pascale, ma chauffeuse de taxi, qui donne un coup de main au service des plats à emporter. L'ambiance est très sympathique et détendue. Les locaux se mêlent aux touristes et aux étrangers qui sont à bord des voiliers qui ont mouillé dans la baie.

De retour à ma pension, je trouve sur la table de chevet de ma chambre, le « journal Marquisien 1798-1806 » d'Edward Robarts. Je parcours quelques pages et je m'intéresse à ce récit. Il a été traduit de l'anglais par Jacques Pelleau que je vais rencontrer le lendemain. Le livre m'attendait comme s'il était important que je le découvre avant mon échange avec Jacques, surnommé Iakopo.

Je ne parcours pas la première partie du livre mais en feuilletant quelques pages, je m'arrête sur des descriptions très précises de la végétation, des oiseaux, et de la population avec les us et coutumes des Marquisiens à la fin du 18e siècle. L'ouvrage me paraît être une source incroyable d'informations.

Chapitre 9
Une journée de rencontres !

Lorsqu'un évènement est vécu complètement et en conscience, le temps s'accomplit. Il se boucle et, à la fois, s'ouvre dans toutes les directions.

Anne Dufourmantelle/*Souviens-toi de ton avenir*

Le lendemain, après le petit déjeuner pris chez Melline, je me rends à la cérémonie qui a lieu sur le site du paepae Temehea qui signifie « émotion, touché au ventre ». C'est le lieu où se déroulera la journée organisée par la famille de Lucien Kimitete.

Je salue Debora et Aniata qui sont affairées à l'organisation de l'évènement. Debora est contente de me voir et prend le temps d'échanger avec moi sur son état d'esprit avant le démarrage de l'évènement. Tout semble en ordre et TNTV est même présent pour couvrir la journée. Les « officiels » sont arrivés et les spectateurs commencent à prendre possession du site.

Après les discours et les témoignages émouvants des proches et de la famille, les activités festives démarrent. Des artisans sont également présents pour montrer leurs savoir-faire et commercialiser quelques objets.

Debora me présente Kimi qui est son voisin et surtout un guide de randonnée réputé de Nuku Hiva. L'homme est charismatique. Il est torse nu et tatoué sur le haut du corps. Il est habillé avec un pareo aux couleurs rouge et jaune. Il se dirige vers le stand de Paku et s'enduit le corps de la tête aux pieds. Il est maintenant complètement jauni. Je décide de m'approcher de ce stand qui prépare le Paku. C'est une sorte de crème qu'on applique sur le corps à base de lait de coco, de gingembre, de menthe et de basilic. Traditionnellement, les filles appliquaient cette crème sur le corps pour hydrater leur peau. Avant chaque grande fête, les personnes s'enduisaient le corps pour éclaircir leur peau et ainsi paraître plus belles. Quelques filles patientent pour se faire appliquer le paku sur l'ensemble du corps. La chevelure y passe également !

Au gré des échanges, je rencontre Teuia André Vohi, qui se balade avec sa caméra au poing. Il est facile d'accès et prends quelques minutes pour partager avec moi sa passion pour les Marquises. Il est journaliste à la rédaction de sports de la chaîne polynésienne TNTV. Il me parle d'un documentaire qu'il a réalisé qui s'intitule « Henua Enata, la guerre des pics » et qui parle de la rivalité entre les îles et des montagnes vivantes et protectrices qui défendent leur territoire. Il me rappelle que les guerres ont toujours existé entre les îles du Nord et les îles du Sud sur l'archipel des Marquises.

En ce moment, il termine un documentaire pour TNTV qui s'intitule « à la recherche du tiki sacré ». Je profite de notre discussion pour lui demander ce qu'évoque pour lui le mana. Il me confie ces mots : « Le mana, c'est la prise de conscience qui nous fait apprécier les moindres moments de notre existence ». Nous évoquons aussi les légendes qui sont encore présentes et qui continuent à vivre dans les familles. Pour lui, il en existe plusieurs centaines qui ne sont pas connues du grand public.

André Vohi a choisi de faire découvrir les Marquises par le moyen des reportages vidéo. Plutôt que de chercher des témoignages d'anciens, il cherche à intéresser les jeunes à leur culture avec des moyens d'actualité en relevant des défis dans ses documentaires. Nous nous saluons afin qu'il puisse continuer son reportage.

Quelques instants plus tard, une personne coiffée d'un chapeau tressé et munie d'une canne en bois très originale attire mon regard. L'homme est souriant et semble très heureux d'être présent. Cela se voit sur son visage. Je le salue et démarre une discussion sur l'origine de sa canne. Nous faisons connaissance. Il s'agit de Dominique Touzeau. C'était un ami de Lucien Kimitete qui est venu spécialement pour l'évènement. Il me raconte quelques anecdotes sur ses relations avec Lucien et aussi sur ses moments de vie aux Marquises. Il y en a un que j'ai plus particulièrement retenu.

Il y a plusieurs dizaines d'années, il se rend à Hiva Oa sur le site de Puamau dans le cadre de son travail. Il s'assied pour contempler les lieux sur un gros rocher. À ses côtés, une autre personne plus âgée est assise. Ils échangent quelques banalités. Après quelques minutes, Dominique regarde sa montre et se rend compte qu'il a du retard pour son rendez-vous. Il prend congé de la personne et celle-ci lui déclare :

« Vous les popa'a, vous avez l'heure. Nous, nous avons le temps ! »
Cette phrase l'a marqué et Dominique prend plaisir à me la raconter pour exprimer toute la différence entre la culture polynésienne et notre culture occidentale.

C'est le moment pour moi d'aller à la rencontre de Jacques Pelleau avec qui j'avais pris rendez-vous. Je m'approche de lui mais je vois qu'il est occupé à discuter avec une autre personne. Une musique qui semble provenir d'une flûte attire mon attention. Je m'approche de la maison qui se trouve sur le lieu sacré. Plusieurs personnes sont positionnées en cercle autour d'une animation. Je m'approche et prends place dans le cercle.

L'origine de la musique est bien une flûte. C'est d'ailleurs une flûte nasale. La musique accompagne la mise en place d'une démonstration de tatouage traditionnel. Un homme est allongé sur le ventre et trois autres personnes sont assises autour de lui. Il y a un tatoueur muni d'outils artisanaux comme un morceau de bois avec des dents et un ustensile pour frapper sur ce dernier. Les deux autres sont présents autour du tatoué pour le tenir ou simplement pour positionner correctement sa peau avant qu'elle ne soit tatouée grâce aux outils et à l'habileté du tatoueur.

Deux autres personnes sont positionnées de chaque côté pour assurer une bonne ventilation en agitant des éventails tressés. Pour compléter l'équipe, deux musiciens jouent de la flûte nasale sur le côté.

Les musiciens s'arrêtent de jouer et nous assistons aux premiers petits coups qui permettent de démarrer le tatouage. « Tac tac tac ». Le bruit est sec, très net comme la marque laissée sur la peau. Les traits du tatouage apparaissent petit à petit, frappe après frappe.

Les hommes qui entourent le tatoué commencent à chanter. Les voix sont graves. Les paroles sont en marquisien. Je me rappelle alors ce que j'ai découvert la veille : le chant accompagnait les tatouages pour encourager et distraire le tatoué. Je vis ce moment comme si je me retrouvais projeté de quelques centaines d'années dans le passé. Les chants continuent et accompagnent les gestes du tatoueur. La démonstration est impressionnante, c'est un spectacle avec des artistes très appliqués.

Je quitte la démonstration du tatouage pour finalement m'approcher de Jacques Pelleau. Nos regards se croisent, je me présente et nous nous saluons. Jacques me propose une chaise pour m'asseoir à ses côtés. Je lui donne quelques explications sur les raisons de ma présence et notre échange démarre rapidement. Je lui parle de la démonstration de tatouage que je viens de vivre et il enchaîne en m'expliquant que les tatouages sont rattachés à des légendes et que je devrais rencontrer Heretu Tetahiotupa qui a commencé un travail de recherche qui pourrait m'intéresser. C'est justement la personne que je dois rencontrer suite aux informations données par Tehina à la bibliothèque. Il me montre Heretu qui passe au loin. La personne est en fait celle que j'ai rencontrée la veille à l'aéroport, l'homme tatoué sur le visage. C'est avec elle que nos regards s'étaient croisés. Une sacrée coïncidence !

Jacques me parle de son parcours et de sa vie aux Marquises et plus particulièrement à Nuku Hiva. C'est lui qui a traduit en 2016 le

« journal Marquisien 1798-1806 » d'Edward Robarts que j'ai parcouru la veille au soir. C'est incroyable qu'un ouvrage d'une telle richesse pour la description des Marquises à cette époque n'ait pas été traduit en français auparavant. Les passages du livre de Robarts qui ont été vécus à Nuku Hiva ont permis à Jacques de revivre ces scènes de vie comme un observateur de l'époque.

En 2016, il réalise également 66 podcasts pour faciliter l'apprentissage de la langue marquisienne. Ils ont été diffusés sur les ondes radios chaque semaine. Depuis 2019, il a intégré l'Académie marquisienne et grâce à lui le site internet de l'Académie est tenu à jour. Je me rends très vite à l'évidence : Jacques est une personne qui compte pour la langue marquisienne d'aujourd'hui et de demain. Il est d'ailleurs inquiet pour l'avenir de la langue car les enfants ne parlent plus assez le marquisien dans leurs familles selon lui. Il y a des points positifs qui l'encouragent à continuer ses actions comme la nomination d'une inspectrice marquisienne à la tête de la circonscription pédagogique ou encore la nomination d'Heretu pour l'organisation du Matavaa en décembre 2023 qui se déroulera à Nuku Hiva. Pour lui, Heretu est un homme clé du futur. Il est jeune et passionné. Il sait fédérer autour de lui comme savait le faire Lucien Kimitete.

Les échanges avec Iakopo, qui signifie « Jacques » en marquisien, sont passionnants. Je pense que nous échangeons plus d'une heure et demie. Nous évoquons le deuxième ouvrage qu'il a traduit, l'essai d'un dictionnaire de Crooks. Nous évoquons aussi le travail réalisé par l'archéologue du nom de Handy il y a plus de 100 ans. Il me conseille de prendre contact avec Patrick Chastel, un auteur français, qui vit à Tahiti mais qui a passé une grande partie de sa vie à Hiva Oa.

Il me raconte quelques histoires personnelles également. Je retiens qu'avec les Marquisiens : « On ne se fâche pas. On ne s'énerve pas. Sinon, on se détourne. »

Je lui demande s'il accepte de m'aider à traduire en Marquisien quelques phrases que je me suis notées. Il accepte volontiers. Je lui enverrai plus tard par e-mail. Je termine notre entretien en lui proposant de l'aider dans ses recherches en me rendant aux Archives Nationales d'Outre-Mer situées à Aix-en-Provence quand nous serons de retour en France. Son œil brille. Jacques recherche des informations sur des faits passés en 1844 à Nuku Hiva. Pour le moment, ses demandes sont restées infructueuses. Il est ravi de cette opportunité et il me semble que je pourrai réellement l'aider quand je serai sur place.

Il est déjà midi et je dois quitter Jacques mais je ressens que je le croiserai de nouveau avant la fin du week-end. Je conviens avec lui de lui envoyer un e-mail avec mes coordonnées.

Je me rends au chapiteau qui propose les repas afin d'assurer mon déjeuner et je prends place à une table pour assister aux animations proposées comme le tir à la corde ou la course avec des noix de coco fixées aux pieds. Je discute avec mon voisin de table qui travaille à la prison de Nuku Hiva. Il est un des gardiens des deux prisonniers qui bénéficient de conditions de détention assez particulières. Notre échange est très sympathique mais j'aperçois un peu plus loin Heretu qui est disponible. Je termine mon repas avant d'aller discuter avec lui.

Je le salue et me présente. Il se souvient de mon appel téléphonique de la veille. Heretu fait partie des personnes qui vous marquent. Évidemment, il y a ce tatouage sur le visage qui est si particulier mais ce n'est pas seulement cela, il est réellement captivant. Après quelques minutes de discussion, il me donne son avis sur la culture marquisienne. C'est une culture holistique. Il a d'ailleurs commencé par s'intéresser aux tatouages et pendant 7 ans, il a collecté les significations de 400 symboles qui sont interconnectés dans un univers Marquisien. Il est aussi coréalisateur du film « Patutiki » sur le thème du tatouage. Ensuite, il s'est intéressé aux légendes marquisiennes. C'est en liant les choses entre elles qu'il est possible de créer quelque chose de beau. Tout est en lien avec le tressage qui fait référence aux origines de la culture. Je retiens :

« Le tressage, c'est ce qui lie, ce qui protège, ce qui abrite, ce qui aide à voyager aussi grâce à la confection des voiles. »

Il me partage qu'il est tatoué sur le visage depuis 3 semaines seulement. Cette démarche est devenue naturelle car pour comprendre parfaitement le tatouage, il faut le porter. Heretu est co-fondateur d'une école de tatouage. Ce sont d'ailleurs les stagiaires de l'école qui ont fait la démonstration de tatouage traditionnel à laquelle j'ai pu assister un peu plus tôt dans la matinée. Dans cette école, les stagiaires doivent connaître la langue marquisienne mais aussi savoir chanter, danser pour que la réalisation de leurs tatouages soit en totale adéquation avec cette culture holistique.

L'échange avec Heretu est très riche. Il me parle également de Patrick Chastel avec qui il collabore sur un ouvrage dédié aux mythes et légendes marquisiennes. Il me conseille de m'intéresser à la langue marquisienne car la traduction fait parfois perdre du sens à certains mots. Par exemple, le mot « enana » signifie la terre, mais le mot signifie aussi le placenta. C'est donc bien la terre au sens de l'origine, la terre nourricière que « enana » signifie et pas simplement la terre que nous occupons.

Heretu me conseille d'acheter le livre « Le Parler De Nuku Hiva » de Zewen si je veux comprendre le marquisien. Il est facile à trouver et la couverture est de couleur noire. Nous terminons notre conversation car il doit retourner accompagner les élèves pour une nouvelle démonstration de tatouage. Il accepte de prendre un selfie avec moi et nous échangeons nos numéros de téléphone pour rester en contact.

Nous nous quittons à peine qu'une dame m'accoste en me demandant si je suis journaliste. Elle m'a vu prendre des notes lors de mon échange précédent. Je lui réponds que je cherche des informations sur les légendes marquisiennes et en particulier sur celle de la danse de l'oiseau. Elle sourit et vient s'asseoir à mes côtés.

Elle se présente, c'est Tahia Teikikaine. Un prénom très courant qui signifie « reine » ou « princesse ». Elle est venue s'installer à nouveau aux îles Marquises après avoir travaillé dans le secteur touristique à Tahiti. Elle est maintenant ambassadrice en charge de la dernière étape dans le dossier pour la reconnaissance des îles

Marquises par l'UNESCO. Cette dernière étape consiste à rédiger le plan de gestion du bien culturel et naturel qui sera reconnu. Il est nécessaire de recueillir les avis des Marquisiens et également de les rassurer afin de lever les craintes par rapport à cet organisme étranger. Certains pensent que les étrangers veulent leur terre ou les empêcher de faire ce qu'ils veulent. Elle m'apprend que c'est l'office français de la biodiversité qui est en charge de rédiger le dossier administratif.

Cette dernière étape est certainement une des plus importantes pour la reconnaissance par l'UNESCO du bien culturel et naturel. Il s'agit de faire en sorte que le bien reconnu soit sauvegardé et entretenu par la population dans le temps. La décision finale sera prise en juillet 2024 mais la présentation du dossier par Emmanuel Macron doit être finalisée pour janvier 2023.

Je remercie Tahia pour notre échange et j'ai de nouveau l'occasion d'échanger avec Debora qui nous a rejoints. Je lui parle des différentes rencontres que j'ai eu la chance de réaliser depuis le matin. Nous discutons comme deux amis qui se retrouvent sans s'être réellement quittés. Nous partageons un bon moment ensemble et nous assistons à un concours d'ouverture de noix de coco pour en extraire la pulpe blanche.

Deux équipes de deux hommes s'affrontent pour terminer l'ouverture d'un tas de noix de coco le plus vite possible. Les activités sont nombreuses et toutes très distrayantes. Un concours de Hakamanu débute pour les enfants. Debora partage avec moi la signification des gestes de la danse de l'oiseau. Elle évoque le Mokohe, cette frégate des mers que Lucien a décrite dans sa retranscription de la légende de la danse de l'oiseau.

À la fin des festivités, je prends le temps de faire un aller-retour au centre artisanal pour acheter le tiki d'Alice et Tristan. Ils m'avaient envoyé la confirmation un peu plus tôt dans la journée. J'en profite pour retourner à ma chambre déposer l'objet et prendre une douche avant que ne commence le spectacle de la soirée.

Avant que la nuit ne tombe, nous assistons au haka qui a lieu sur le Tohua Temehea. Auparavant, cet endroit s'appelait Pikivehine, maintenant seul l'endroit où se situe la maison historique porte le nom. L'ensemble a été rebaptisé lors de la restauration du lieu.

La danse est exécutée par les tatoueurs. Je reconnais quelques-uns des douze stagiaires de l'école de tatouage. Ils sont alignés en trois lignes de trois. Deux sont aux percussions et le dernier harangue les danseurs comme pour les stimuler. Les danses et les chants sont une très belle introduction au film qui va suivre.

Quelques minutes suffisent pour mettre en place un gigantesque écran de plein air. Nous allons assister au film « Lucien Kimitete, un homme de la terre des hommes » de Laure Dominique Agniel.

Le film témoigne de la passion qu'avait Lucien pour la culture. Il avait la volonté de transmettre aux plus jeunes le désir de danser. J'apprends qu'il y avait auparavant jusqu'à 77 costumes et donc 77 danses différentes connues. Chacune étant reliée à une personne, une légende ou même un lieu ou une période de vie. Je découvre aussi grâce à ce film documentaire que la danse de l'oiseau a permis lors des danses marquisiennes à la femme de montrer toute sa beauté lors des spectacles. Avec cette danse, elle n'est plus assise ou accroupie, elle est debout.

Le film se termine et je salue Iakopo qui était assis à proximité de moi. J'ai l'impression de le connaître depuis longtemps. Il partage avec moi qu'il connaissait le film mais le voir de nouveau lui a rappelé des passages qu'il avait oublié.

La soirée continue avec un spectacle de danseurs professionnels qui interprètent le spectacle présenté lors du Matavaa de 1989 à Nuku Hiva. Pour le passage de la danse de l'oiseau, toutes les femmes Kimitete sont invitées à venir danser cette majestueuse danse. Debora et ses filles viennent danser, accompagnées par leurs filles respectives. Il est émouvant de voir les trois générations de cette famille interpréter la danse qu'avait mis en scène Lucien Kimitete plusieurs décennies auparavant. La soirée festive se termine avec ce spectacle.

Le lendemain, je profite de mon VTT pour me rendre et assister à la fin de la messe dominicale qui a lieu à la Cathédrale Notre-Dame. J'assiste à quelques chants très joyeux et à la ferveur des croyants catholiques. En quittant le lieu, je salue Iakopo qui était présent également. Nous échangeons quelques mots comme des voisins qui se croisent le dimanche.

Je décide d'enfourcher le vélo pour visiter la baie Colette. Le début du chemin qui y mène se trouve à quelques centaines de mètres seulement. Avant de m'y rendre, je m'arrête au bord de la baie pour écouter le bruit des vagues qui font rouler les gros galets présents sur la plage. Après quelques minutes d'une longue montée, je n'ai croisé absolument personne. J'arrive à une barrière en bois qui indique :

« Propriété privée, attention : Taureaux, chevaux, chiens et autres animaux en liberté. Tout accident survenu sera de votre responsabilité. Merci de refermer le portail derrière vous. »

Le panneau ne me dissuade pas du tout et m'invite même à pousser la barrière pour franchir le col et continuer le chemin qui descend vers la baie. Avec mon vélo, c'est très agréable et j'arrive sur un lieu calme et apaisant. Je prends le temps d'apprécier ce moment face à la baie dans un cadre très naturel. Les vagues sont moins vigoureuses et elles viennent caresser les rochers présents. Il y a quelques plages de sable noir et plusieurs arbres présents pour apporter de l'ombre. Un grand bougainvillier rouge est au milieu de la plage.

Je prends du temps pour remonter le chemin et apprécier le paysage. Il me semble entendre des animaux au loin mais je ne les aperçois pas. Je referme la barrière en passant le col et je découvre une très belle vue sur la baie de Taiohae.

Je continue ma promenade à vélo et je me rends maintenant à l'opposé de la baie au départ de la promenade pour accéder à la pointe Tehaatiki sur le sentier de Matauapuna, la sentinelle de l'est du village de Taiohae.

Je laisse le vélo au départ de la petite randonnée et je me rends au point de vue en courant à petites foulées. Il fait déjà chaud. Le chemin que j'emprunte est très original car le terrain est pentu et les arbres sont tordus. C'est comme si les atiko, les faux-acacias, protégeaient le chemin.

En quelques dizaines de minutes, je me trouve sur la crête entre l'océan d'un côté et la baie de Taiohae de l'autre. Le sommet de la crête est à plus d'une centaine de mètres de hauteur.

Les oiseaux sont nombreux et j'observe plusieurs espèces. Certains sont noirs et volent seuls, d'autres sont blancs et volent en couple, certainement des sternes. J'aperçois un oiseau blanc avec une queue assez large. Un autre est noir, plus grand que les autres, avec un bec qui me paraît crochu. Les oiseaux doivent avoir leurs nids à proximité. Ils volent haut, parfois en s'approchant très près de la falaise. Certains font des piqués vers l'eau.

Je suis seul à profiter de ce joli spectacle qui me fait penser à la liberté, l'insouciance. Je me rappelle que Debora m'avait parlé hier du Mokohe, la frégate des mers représentée dans la légende de l'oiseau de Lucien Kimitete. Il est le signe d'évènements à venir et le messager des dieux. Peut-être que parmi les oiseaux que j'ai observés ce matin, le Mokohe était présent.

Sur le chemin du retour, je m'arrête sur une petite plage de galets où je décide de me baigner. Je me fais repousser plusieurs fois avant de me rendre compte que la puissance des vagues de l'océan est trop importante. Je quitte l'endroit pour finalement déjeuner près du quai des pêcheurs au snack le petit quai.

L'après-midi, je vais rendre visite à Debora. J'en profite pour lui amener mon livre de la légende de l'oiseau afin de me le faire dédicacer. Elle écrit :

« Pour Céline et Guillaume qui ont créé l'envie furieuse de rééditer cette légende Hakamanu et leur ont permis de danser l'hymne à la vie et à l'amour. Nui te Hoki. »

Son mot me touche et je passe un moment agréable en sa compagnie et celle de sa fille aînée. Nous évoquons évidemment la journée de la veille et nous échangeons sur le film ainsi que sur le site culturel que Lucien a apprécié particulièrement et pour lequel il s'est investi pour sa restauration : le Tohua de Koueva.

En fin de journée, je retourne à ma pension où je parcours à nouveau le journal marquisien de Robarts et je découvre également grâce à internet un reportage sur Heretu Tetahiotupa qui a été récompensé par le prix du public au festival international du film océanien en 2019. Il évoque le documentaire « Patutiki, l'art du tatouage des îles Marquises ». Je m'endors rapidement sur ces images.

Je me suis levé tôt pour ce jour de départ de Nuku Hiva et je décide de me rendre sur le site culturel de Lucien Kimitete. Il pleut mais j'ai réellement envie d'aller voir ce site alors je décide d'y aller à vélo sous la pluie. Je pédale vite et j'arrive à l'endroit où il faut quitter la route pour aller vers un chemin de terre et de cailloux. Une voiture descend. J'en profite pour faire valider mon itinéraire. C'est bien là. Il faut que je continue à monter et que je prenne à gauche à l'embranchement. Quelques minutes plus tard et après quelques flaques de boue évitées, j'arrive trempé sur le Tohua de Koueva signalé par un panneau en bois abrité par un toit en pandanus. Il y est sculpté : « centre culturel Lucien Roo Kimitete ». Je m'y abrite quelques instants.

La pluie s'est arrêtée de tomber mais l'endroit est très humide. Je laisse mon vélo et avance à pied vers le site. La végétation est très présente mais le site est encore bien dégagé. Je vois immédiatement les trois habitations en bois que je reconnais pour les avoir vues dans le film samedi soir. De très hautes statues taillées dans le bois représentent des tikis sur les colonnes des maisons.

Je m'approche de l'espace le plus dégagé pour me rendre compte de la puissance du lieu. Le banian qui domine est immense. Il me protège de la pluie qui a recommencé à tomber. Il y a également des pandanus très imposants. En respirant à pleins poumons, je ressens la nature mais aussi toute l'atmosphère qui est encore présente sur ce lieu magique. Quelques pas un peu en retrait du banian, il y a une petite maison qui abrite une statue du buste de Lucien. Il veille sur les lieux et sur le banian. Il est comme présent pour assister au prochain spectacle.

Je prends quelques photos pour me rappeler l'endroit même si je sais que mes souvenirs seront plus beaux que mes photos sous la pluie. Je quitte le site et redescends pour aller rapporter le VTT au loueur et finalement rentrer à pied jusqu'à ma chambre d'hôte pour prendre une douche chaude et un petit déjeuner avec une omelette exceptionnelle préparée par Mel que je dévore en quelques secondes seulement.

Avant de quitter les lieux, je prends du temps dans le jardin de la pension pour découvrir un crâne de cochon exposé dans le jardin comme un trophée à côté de quelques pots de plantes.

Le taxi vient me récupérer et nous partons pour l'aéroport. Pendant le trajet, j'échange avec Pascale sur les animations vécues lors de mon week-end. Arrivés à destination, je cherche à acheter des citrons marquisiens pour les ramener à Moorea et en offrir aux amis. Je demande à une dame présente au service de l'unique bar ouvert. Réponse négative. Impossible d'en trouver.

Je croise à nouveau Pascale et je lui demande si elle peut m'aider à écrire en marquisien le texte du chant d'accueil qui est chanté avant les danses, le « mave mai ». Elle m'oriente vers un homme qui est présent dans le hall. « Demande-lui, c'est un danseur professionnel. Il pourra tout t'expliquer. »

Je m'approche de l'homme en question. Il s'appelle Tetahu et doit se rendre à Tahiti pour une semaine de formation. Nous sympathisons rapidement. Je lui demande s'il connaît et ce que représente pour lui la légende de l'oiseau. Il me répond que pour lui cette légende explique que la danse permet de retrouver ses origines, sa famille. Je lui demande s'il a déjà lu la légende. Il me répond que non mais qu'il la connaît car il l'a dansée. Il a appris la danse de l'oiseau avec Lucien Kimitete quand il était plus jeune à Taipivai. Il a aussi été le chef du groupe de danse pour le festival qui a eu lieu à Ua Pou en 2019.

J'échange avec lui sur le Matavaa. Il m'explique que depuis toujours il faut respecter un certain ordre dans les danses avec un programme spécifique. Mais cet ordre n'est pas expliqué aux spectateurs. Tetahu pense qu'il faut interpréter les danses et les chants en fonction de la légende d'origine de manière à raconter une histoire. Il prend l'exemple, de la légende de Hakamanu. Au début, il est possible de faire des danses sur la mort pour rester fidèle à la légende. Ensuite, il peut y avoir une danse sur la rencontre du nouveau couple et la naissance de l'enfant. Puis, continuer le spectacle par une danse représentant le départ en guerre contre les tribus ennemies et la fête finale lors de la libération de l'enfant grâce à la danse de l'oiseau.

Tetahu est passionné. Cela ne fait aucun doute. Il me fait partager sa passion et m'informe qu'il sera certainement présent à un spectacle de danse marquisienne prévu à Paris en février 2023.

Je note sur mon bloc « La légende a fait connaître la danse, que la danse fasse connaître la légende ». Je ne sais plus si cette citation est de lui ou si je l'ai écrite suite à notre échange. Notre discussion doit se terminer car nous allons embarquer.

Une dame m'interpelle : « Monsieur, monsieur, venez ! »

Je termine ma discussion et salue Tetahu. Ensuite, je suis la dame qui m'amène jusqu'au bar. Elle me tend un sac énorme de citrons. Je lui demande combien je lui dois. Elle me répond 1000 francs. Je lui tends un billet et la remercie chaleureusement.

Elle est allée chercher des citrons dans la cuisine et m'a préparé un énorme sac uniquement pour me faire plaisir. Décidément, la gentillesse des Marquisiens me surprendra jusqu'à mon départ.

Je jette un œil une dernière fois dans le hall de l'aéroport pour chercher le regard de quelqu'un mais aussi pour me souvenir ce cet endroit comme s'il fallait que j'y revienne un jour.

J'embarque avec mon sac à dos, le tiki dans une main et mon sac de citrons dans l'autre. Je quitte les îles Marquises avec de nombreuses notes sur mon carnet de voyage et beaucoup de souvenirs en tête.

Chapitre 10
Le voyage est un retour vers l'essentiel

Le voyage est un retour vers l'essentiel.

Proverbe tibétain

Quelques jours plus tard, le 02 juin, je suis à bord de l'Aremiti 6 pour me rendre à Papeete. Quelques informations sont diffusées sur les écrans situés dans ce bateau qui fait la navette chaque jour entre Moorea et Tahiti. Je n'y attache habituellement aucune attention mais cette fois, je lis attentivement les prévisions astrologiques en fonction des signes du Zodiaque. Pour mon signe, celui du scorpion, il est annoncé : « Aujourd'hui, la chance vous sourira ». Cela me convient parfaitement.

Dans la matinée, je me rends au salon des Marquises qui se déroule au parc expo Mamao. C'est le jour de l'inauguration de l'évènement par les « officiels ». À cette occasion, j'assiste à des danses marquisiennes et j'ai même la chance d'avoir une interprétation de la danse de l'oiseau par Vaihinaura, Miss Marquises 2022. Cette danse est toujours aussi belle à regarder. C'est bientôt la période de l'élection de Miss Tahiti et donc les différentes Miss des archipels ne perdent aucune opportunité pour se faire connaître du grand public.

Je profite de ma présence sur le salon pour visiter quelques stands d'artisans marquisiens. Je retrouve des tapas, des tikis en bois, en pierre, des sculptures sur des ossements. Le village est organisé sous des chapiteaux et chacun d'entre eux représente une délégation d'artisans de la même île. Je retrouve l'atmosphère des Marquises en discutant avec quelques artisans et en retrouvant quelques objets taillés, sculptés ou tout simplement marqués par les motifs marquisiens.

Je sympathise assez vite avec une famille d'artisans de Fatu Hiva. Ils sont spécialisés dans la création de tiki de très grande taille en bois de miro. Brunella me présente aussi un tiki en pierre fleurie qui fait plus d'un mètre cinquante de hauteur. Cette pierre, de son véritable nom phonolite à grenats, se trouve aussi au Brésil mais c'est sur l'île de Ua Pou qu'elle est réputée la plus jolie. Elle est taillée par les sculpteurs pour lui donner une forme d'objet décoratif.

Je déjeune rapidement sur le salon et ensuite je prends un taxi pour me rendre à mon rendez-vous avec Robert Koenig. J'ai profité de ma présence à Papeete pour aller le rencontrer. Nous parlons des différents livres qui évoquent les Marquises. Pour chaque livre, il me raconte l'histoire du livre et de son auteur. C'est passionnant.

Je décide d'acheter trois exemplaires de chacun des ouvrages. Il y a le « *journal marquisien* » que Iakopo a traduit, le « *Parler De Nuku Hiva* » dont m'avait parlé Heretu, « *le voyage de la flûte de roseau* » qui est un ouvrage illustré par Caty Banneville, comme « Te Hakamanu ». Je découvre aussi d'autres livres qui sont pour la plupart plus difficiles à trouver en France comme « Récit aux îles Marquises 1797-1799 ». En ce qui concerne la légende « Te Hakamanu », je décide de prendre dix exemplaires. J'aurais certainement l'occasion de les offrir.

Au final, je me retrouve avec presque une cinquantaine de livres. Je ne sais pas encore ce que je vais en faire mais je suis certain que cela me servira plus tard quand je serai de retour en France. Je pense que les livres sont un bon moyen de faire connaître la culture marquisienne.

De retour à Moorea, je présente les ouvrages à Céline avant que nous allions chercher les enfants à la sortie de l'école. En ce moment, ils veulent rentrer très vite à la maison pour retrouver « leur » chaton.

Pour rendre service à Yvette, notre voisine marquisienne, nous avons accueilli son chaton pendant quelques semaines. Nous l'avions retrouvé un matin en haut de notre manguier car il avait certainement eu peur des chiens. Les enfants l'ont chouchouté. Il n'avait pas encore de nom, alors nous l'avons surnommé « Mokaï », mot qui est utilisé pour trinquer à l'apéritif en marquisien.

L'accueil de ce chaton nous aura permis de découvrir une autre facette de nos enfants. Lily-Rose s'en occupe comme d'un poupon. Elle le porte sur son épaule et le chaton se laisse faire comme s'il n'avait pas d'autre choix que de se soumettre à notre fille. Elle est très câline et un peu possessive avec l'animal et quand il est entre ses mains, il n'a le choix que d'y rester. Il lui arrive parfois de partager le chaton avec son grand frère. Mathis est lui beaucoup plus joueur avec Mokaï. Il aime le taquiner, le faire sauter avec un ruban ou tout simplement le faire bondir en faisant rouler quelques billes sur le sol.

Une dizaine de jours plus tard, nous avons restitué Mokaï à Yvette. L'animal avait bien grandi et pris des forces et de l'assurance. Il était maintenant moins craintif et mieux entraîné à se défendre et à jouer grâce aux enfants.

Un dîner est organisé par Yvette et Thomas, son mari. Nous passons un agréable moment. Nos voisins savent que j'écris sur notre voyage aux îles Marquises et Yvette me demande comment évolue l'écriture de mon livre. Elle a suivi les derniers rebondissements et aimerait connaître le détail de mon dernier voyage à Nuku Hiva.

C'est une nouvelle occasion pour moi de partager ma découverte de la danse de l'oiseau. Je lui parle des différentes interprétations que j'ai pu découvrir. Il y a tout d'abord celle de Aidan, le fils de Geneviève et Dominique. Pour Aidan, la danse permet à l'enfant d'être libéré, de se libérer et de devenir un homme.

Il y a l'interprétation de Tetahu, le chef de danse pour qui la danse de l'oiseau permet de retrouver ses origines, sa famille.

Il y a évidemment l'interprétation des missionnaires qui ont interdit toutes les danses de séduction qui n'étaient pas conformes à leur religion.

J'évoque aussi la danse de l'oiseau interprétée par Lucien Kimitete, l'auteur du livre. Il me semble que pour lui, la danse aura permis de mettre en valeur la femme et lui donner toute sa place dans le spectacle mais aussi dans la société.

Il y a aussi l'interprétation de Debora, la danseuse mais aussi la femme de Lucien. Pour elle, cette danse de l'amour est un hymne à la vie comme elle l'écrivait déjà en 2009.

Pour moi, la danse de l'oiseau est aussi une expression de la liberté. Une liberté de s'exprimer, d'agir comme si cette légende me faisait prendre conscience de ma liberté. Les freins et les barrières disparaissaient au fur et à mesure de la lecture et de la relecture de cette légende marquisienne.

Lors de cette soirée, j'évoque également les raisons pour lesquelles j'ai envie de retourner aux Marquises. J'ai envie d'assister à la danse de l'oiseau lors d'un Matavaa, ce festival des arts des îles Marquises qui est organisé tous les quatre ans et qui célèbre la culture vivante de cet archipel. J'ai aussi envie de visiter l'île de Ua Pou et la plage de Haatuatua à Nuku Hiva. Je me suis même surpris à rêver y retourner pour apprendre à sculpter le bois.

Aux Marquises, je pense avoir été touché par le *Mana*, cette puissance spirituelle, cette énergie qu'il est très difficile de définir et de décrire. Cette énergie s'est emparée de moi. Elle me permet à nouveau de m'émerveiller et aussi de me mettre en action. Le mana m'a permis également de me rapprocher des choses essentielles, de me rappeler ce qui est important. Le vent qui souffle, l'eau qui ruisselle, la nature qui vit tout simplement avec les oiseaux qui sifflent et les hommes qui chantent et qui dansent.

Notre voyage aux îles Marquises a été une réelle découverte en Polynésie française. Pour se rendre sur cet archipel, il faut d'abord arriver jusqu'à Tahiti. C'est déjà un long périple et complètement dépaysant de venir côtoyer cette culture des îles pacifiques. Mais ce que j'ai vécu est bien plus qu'un voyage dans le voyage. Cette destination et les Marquisiens méritent réellement qu'on y porte un intérêt plus important.

Dans le contexte historique que je connais mieux maintenant, ils méritent qu'on les aide à préserver ce qu'ils ont réussi à retrouver et à transmettre. Toutes les personnes que je connais et qui ont fait le voyage jusqu'aux Marquises en parlent avec le sourire. Beaucoup se disent touchés, parfois marqués par ce qu'ils ont vécu et par les personnes rencontrées mais aussi par certains lieux parfois envoûtants. J'en fais partie. J'aimerais faire quelque chose pour aider à préserver cet archipel ou à faire reconnaître son capital culturel et naturel. C'est certainement la raison pour laquelle j'ai commencé à écrire.

En débutant l'écriture de ce livre, je suis encore en Polynésie, à Moorea. Je mets à profit mes heures matinales pour me souvenir, écrire et essayer de comprendre également. Quelque chose chez moi est en cours d'évolution, de changement. Les Marquises ont été le déclencheur de ce changement.

***

Quand j'écris le matin, il fait encore nuit. Il est parfois 3 h ou 4 h. J'adore ces moments. J'ai la sensation que mon rythme biologique est fait pour que je me lève tôt.

Quand j'écris le matin, je suis créatif. Le calme qui enveloppe l'île de Moorea est stimulant et inspirant.

Quand j'écris le matin, je suis serein. Ma famille est en sécurité. Ma femme et mes enfants dorment paisiblement.

Les archives nationales d'outre-mer

Depuis quelques mois, je suis de retour en France. L'adaptation est finalement assez facile car nous retrouvons la famille et les amis. Il est par contre beaucoup plus compliqué de répondre à la question : « Pourquoi n'êtes-vous pas restés en Polynésie plus longtemps ? ». Je pense que c'est parce que nous sommes rentrés que nous mesurons la chance que nous avions de vivre cette expérience.

Au début du mois d'octobre, nous recevons les deux malles que nous avions expédiées par bateau au départ de Tahiti au mois de juin. Je retrouve les nombreux livres achetés en Polynésie et également notre tiki « Vaii-Nui » que nous avions emballé soigneusement. Il trouve sa place dans notre nouveau chez nous.

En novembre, je décide de reprendre contact avec Iakopo. Je lui avais proposé de me rendre aux Archives Nationales des Outres-Mers (ANOM) lors de notre échange à Nuku Hiva. Je lui demande par e-mail quel est l'objet précis de ses recherches. Il m'écrit quelques heures plus tard :

« Si tu as le temps, peux-tu voir s'il existe des documents concernant le procès et l'exécution du chef Pakoko à Taiohae le 21 mars 1845. Le commandant de la place se nommait Amalric. Merci d'avance. »

Je me retrouve investi d'une mission assez particulière.

Subitement, je me souviens du texte écrit sur le morceau de papier découvert dans le pied de notre tiki : « *Les légendes marquisiennes ne doivent pas rester secrètes. Aide-nous à les faire connaître.* ».

Et je me souviens également du danseur à l'aéroport de Nuku Hiva qui m'avait dit : *« Tu es venu ici pour te distraire et découvrir notre île. Il faut maintenant que tu perces le secret de nos légendes et de notre histoire. Les autres doivent savoir et tu dois leur expliquer ».*

Peut-être que ma mission est là ! L'interprétation de ces messages me pousse tout simplement à agir et à en savoir plus sur l'histoire des îles Marquises.

Le 25 novembre, je me rends donc aux Archives nationales à Aix-en-Provence pour faire ma recherche afin de rendre service à Iakopo. Je ne suis pas certain de pouvoir être d'une grande utilité mais j'ai envie d'essayer. Si je ne trouve rien, je profiterai de ma présence pour faire des recherches sur la danse de l'oiseau. Après tout, cette légende a peut-être d'autres choses à me révéler.

C'est la toute première fois que je me rends dans ce type d'endroit. Il faut montrer patte blanche. Je présente ma carte d'identité et une dame présente à l'accueil me réalise un badge d'accès. Ensuite, elle me demande de laisser mes affaires personnelles dans un casier et de conserver uniquement une feuille blanche, un crayon de papier et mon téléphone en mode silencieux.

Après avoir complété le questionnaire d'admission, je passe le portillon grâce à mon badge d'accès.

En entrant dans la salle, je découvre d'autres personnes qui sont occupées à consulter des documents sur de grandes tables en bois. L'ambiance est très studieuse. Je m'approche du comptoir situé un peu plus loin de l'entrée et je demande de l'aide à la personne présente. Je lui montre le sujet de ma recherche que j'ai écrit sur une feuille blanche en recopiant la demande de Iakopo : *« exécution du chef Pakoko à Taiohae le 21 mars 1845. Le commandant de la place se nommait Amalric ».* Après avoir fait une légère grimace, l'homme consulte un classeur pendant quelques longues secondes et me demande de le suivre.

Le documentaliste m'emmène dans une salle avec un mur de boîtes en bois sur plus de vingt mètres. Il y en a des centaines. Sur la face de chaque boîte, il y a des initiales qui semblent définir une zone géographique. Je panique en imaginant ce qu'il me reste à faire…

Heureusement, il me montre comment sortir de leur emplacement deux boîtes qui portent les inscriptions « SG OCÉANIE ». Selon lui, elles semblent correspondre à la période qui m'intéresse. Je m'installe un peu plus loin à une place disponible et je suis les conseils du documentaliste en cherchant dans ces « coffrets » les premiers indices. J'avoue que je suis rassuré de me contenter uniquement de ces deux boîtes. Dans chacune d'elle, il y a plusieurs centaines de fiches bristol qui sont perforées et qui ont été glissées dans un tube métallique pour faciliter la consultation.

Je fais défiler les feuilles de papier cartonné une par une en lisant rapidement ce qui est écrit à la main sur chaque feuille. Parfois, le texte est raturé ou des compléments de texte ont été faits. J'en parcours une cinquantaine.

Quelques minutes plus tard, je pense avoir trouvé ce que je cherche !

Je suis fou de joie et j'ai une chance extraordinaire. Je retiens mes mouvements pour respecter le calme du lieu mais le sourire sur mon visage doit en dire long. Je retourne voir l'homme qui m'a orienté et nous cherchons maintenant sur un ordinateur les « côtes » via un moteur de recherche pour trouver les documents originaux. Après quelques recherches infructueuses, je demande la boîte d'archives OCEA3 qui regroupe les documents référencés « OCEA 3 A 20 ».

Encore quelques dizaines de minutes plus tard, la boîte est arrivée. On me conseille alors de faire très attention car les documents sont très anciens. Je ne dois pas avoir les mains moites et les documents doivent être consultés sans être abîmés. Je découvre alors des feuilles manuscrites qui datent des années 1840 ! Ce sont pour la plupart des originaux et je trouve énormément d'informations concernant l'exécution du chef Pakoko. Mon émotion est forte et je déchiffre les lignes écrites en français de l'époque. Parfois, les documents sont tellement vieux qu'il est difficile de lire le texte car les feuilles sont jaunies par le temps et l'encre a traversé la faible épaisseur du papier.

Je prends une centaine de photos des documents. Je me dépêche comme s'il fallait faire vite avant que le texte ne s'efface et disparaisse à tout jamais. Je commande également la boîte référencée OCEA 4. Je consulte de nouveaux documents de l'époque coloniale en relation avec les premiers rapports et décrets des Français aux îles Marquises. Je reste finalement presque trois heures dans la salle des archives sans prendre le temps de déjeuner.

Le soir, je fais parvenir à Iakopo les photos de mes découvertes. C'est le matin pour lui et il me laisse un message vocal via WhatsApp. J'entends à sa voix son émotion et sa grande joie. J'ai trouvé des informations qu'il n'avait pas encore réussi à obtenir. Nous nous appelons à plusieurs reprises pendant le week-end pour déchiffrer, lire et comprendre le détail des évènements.

Le chef Pakoko a été fusillé le 21 mars 1845 à la suite du jugement du conseil de guerre militaire. Il était alors chef de tribu à Nuku Hiva lors de la présence des Français. En raison d'un désaccord qui avait mal tourné concernant l'interdiction pour les « naturelles » des Marquises de se rendre sur les baleiniers, cinq soldats français avaient été massacrés et en représailles, des évènements malheureux avaient été commis de part et d'autre. Le commandant Amalric avait alors fait exécuter le chef et d'autres Marquisiens.

J'apprends que Pakoko signifie « guerrier » en langage marquisien et que ce nom lui avait été attribué suite à de nombreux exploits lors de batailles. Son premier nom était Manu qui signifie oiseau. Après un week-end de découvertes, je laisse finalement à Iakopo le soin de continuer à rechercher la description des faits sur l'histoire de Pakoko.

De mon côté, grâce à la découverte de ces évènements de Nuku Hiva aux Archives nationales, j'ai envie d'en découvrir davantage et je commence la lecture de certains livres que j'ai ramené de Polynésie. Je me plonge dans l'histoire des Français qui décident de coloniser les îles Marquises dans les années 1840 et aussi dans le « journal marquisien 1798 – 1806 » de Edward Robarts qui avait été traduit par

Iakopo et que j'avais découvert pour la première fois sur ma table de chevet à Nuku Hiva.

Le passé colonial français en Océanie n'est pas une découverte très réjouissante. C'est même assez incroyable de redécouvrir comment les Français, et plus généralement les Européens, se partagent et s'approprient les territoires étrangers pour satisfaire leur soif de grandeur et l'ego de certains. Pour autant, les récits de l'époque sont très bien détaillés et passionnants.

Je me rends compte que je n'ai pas eu le temps de faire des recherches sur « Te Hakamanu » lors de mon passage aux archives d'Aix-en-Provence tant j'étais absorbé par mes découvertes sur Pakoko. Je décide de retourner une nouvelle fois aux Archives Nationales pour faire des recherches sur la danse de l'oiseau.

J'irai quelques semaines plus tard sans rien trouver précisément sur la légende et son origine. Par contre, l'envie de publier mon récit de voyage est maintenant très forte. La trace que je dois laisser commence peut-être par cette étape. Ce récit, une fois publié, me permettra de faire connaître la danse de l'oiseau, la hakamanu, a un grand nombre de lecteurs.

En réalité, je pense que j'ai besoin de continuer ma quête de liberté d'action et c'est peut-être simplement pour cela que j'ai découvert la danse de l'oiseau qui m'évoque la liberté de voler, de danser, de rassembler, de fêter et de profiter de la vie.

Toutes ces rencontres, et plus précisément ce voyage aux îles Marquises, m'auront permis d'ouvrir les yeux, de prendre conscience de l'importance que la manière dont mon temps est alloué dépend de moi. Les décisions que je prends au quotidien peuvent faire bouger, influencer et parfois même modifier l'impact sur ma manière de vivre les évènements.

Peut-être que ce récit vous donnera envie de découvrir la légende de la danse de l'oiseau ou d'en découvrir plus sur la culture marquisienne. Dans ce cas, ma mission sera une réussite.

Remerciements

Certains parlent du voyage d'une vie, d'endroit paradisiaque, de l'accueil des Polynésiens. Ce qui est certain c'est que nous sommes enthousiastes de notre voyage, de notre aventure. Cette période aura été vraiment riche en découvertes. Nous pouvons sans aucun doute affirmer que nous avons fait des rencontres de personnes exceptionnelles qui nous ont facilité la vie sur place et fait découvrir une autre manière de vivre, un autre art de vivre.

Je pense à ceux qui vivent sur place comme Heitapu qui nous a accueilli sur Tahiti à notre arrivée et quelques jours avant notre départ. Il a partagé avec nous une leçon de vie sur l'acceptation. L'acceptation des évènements qui nous arrivent et de la manière dont nous les vivons.

Debora est sans aucun doute une de mes plus belles rencontres. Sa personnalité, ses conseils et son partage d'expériences m'ont permis de m'intéresser aux îles Marquises et en particulier à la légende de la danse de l'oiseau.

Il y a aussi Thibault qui nous a facilité la vie quotidienne à Moorea grâce à sa gentillesse et sa disponibilité. Il incarne le « tout est possible » qui paraît si évident quand on vit en Polynésie française.

Je pense aussi à ceux qui, comme nous, sont venus découvrir et vivre la Polynésie en immersion pendant plusieurs mois ou pour y vivre pendant plusieurs années : Nelly et Jean-Paul, Alice et Tristan,

Célia et Ludo, Thierry, Robin, Geneviève et Dominique, Laurent et sa famille, Yvette et Thomas.

Je pense aussi aux personnes qui m'ont aidé et parfois encouragé à l'écriture de ce récit. Ma famille bien sûr avec Céline, mon épouse, et également Céline, ma sœur aînée. Mais aussi ma cousine, Agnès, qui vit à Marseille et qui a pour projet d'ouvrir une librairie.

Beaucoup d'amis ont participé parfois par la lecture ou même sans le savoir à m'aider à concrétiser l'édition de ce récit. Ils se reconnaîtront.

À tous, MERCI !

Imprimé en Allemagne
Achevé d'imprimer en juillet 2023
Dépôt légal : juillet 2023

Pour

Le Lys Bleu Éditions
40, rue du Louvre
75001 Paris